# 癒やしの道

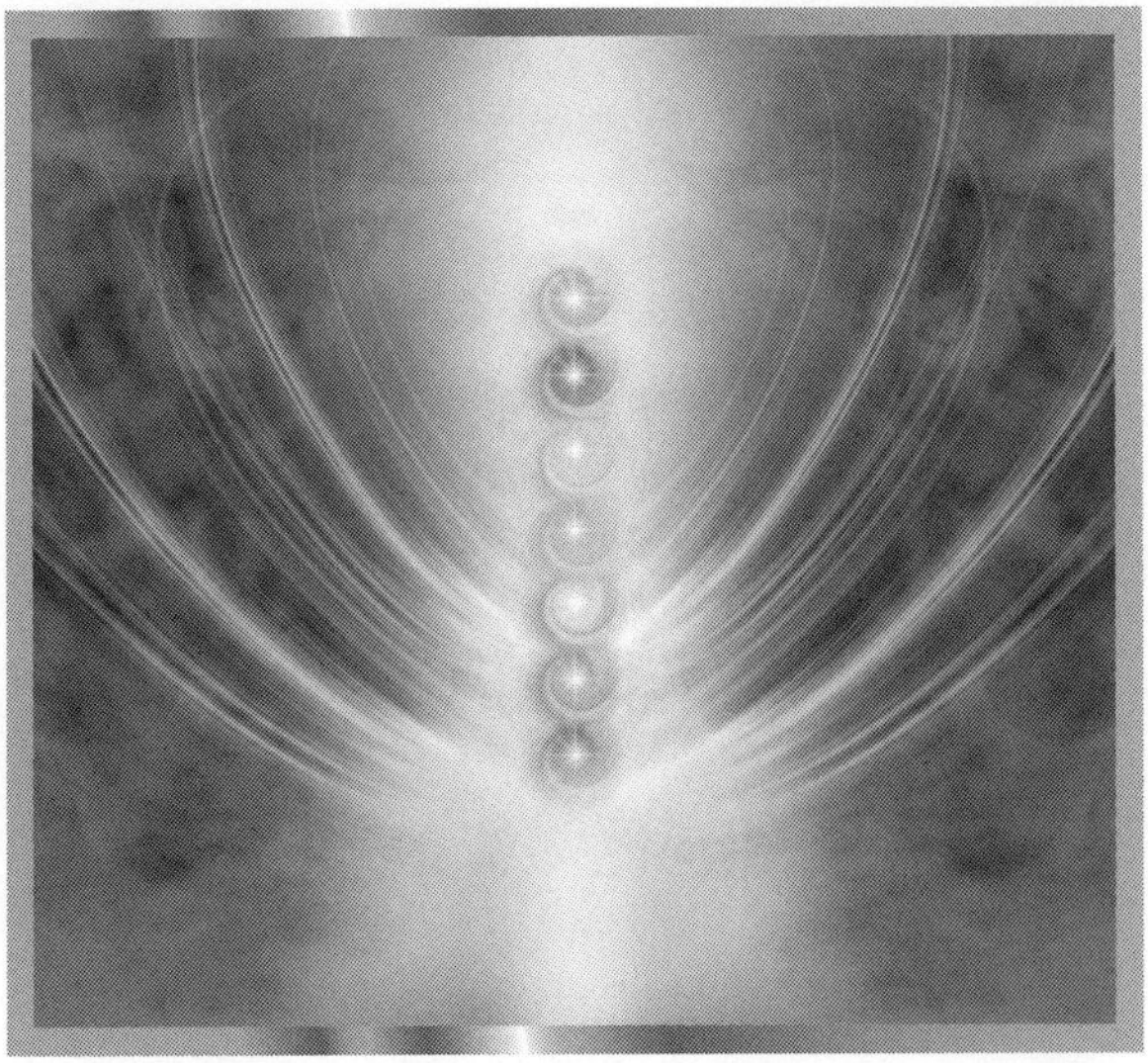

*Kuniyoshi Ikeda*
池田邦吉

明窓出版

# はじめに

東京から福岡県の北九州市に引っ越してから、13年が過ぎた。

専業主夫としての仕事は板に付き、年金生活者のライフスタイルにもすっかり慣れた。午前中は家事炊事をこなし、午後に少しの自由時間ができる。その時に原稿用紙に向かう。まだ作家としての仕事が残っている。

今年（２０１９年）３月末に、大学時代の同級生から手紙が来た。彼は東京で、日本有数の大設計事務所の会長をしている建築家である。卒業以来、同級生から手紙をいただいたことは一度もなかったので、びっくりした。いったい何事であろうかと恐る恐る開封した。

「今年で東京工業大学卒業後50年になり、全学同期会を昭和44年卒業生約７００名を集めて、11月30日に行うこととした。—後略—」と書かれている。

東京工業大学（略して東工大）を東大工学部と間違える人が多い。東工大は東大とはまったく別の大学で本校は目黒区の大岡山にある。私はその建築学科を１９６９年（昭和44年）３月に卒業している。それから50年が過ぎ去っていた。「もう、そんなになるのか〜」と思った。

それにしても、「全学同期会」なる会があることをまったく知らずに過ごしてきた。700人の同期生を集めるのは非常に困難だろうと思った。すでに亡くなっている方も少なくないが生存している方々の内、何人が会場に来ることができるだろうか。様々な疑問が湧いてくるので手紙を送ってくれた同級生の自宅に電話した。すると、

「11月30日のことはまだ何も決まっていないんだ。どこに集まり何をするかこれからの課題でね、とりあえず出席の人数を調べているところで、池田君はどうする？」と言う。

私はとりあえず出席することにした。この電話は在学以来の会話で、50年間、彼と話したことがなかったと記憶している。大学の同級生であり、同じ建築設計の立場にあっても人間関係はこんなもんである。彼との話が続く。

「ところで池田君、九州に行って、今何してるんだ？」

私は新宿にあった建築設計事務所の社長を辞め、作家に転向し、さらにヒーリングの仕事もしていることを手短かに話した。彼は、私が書いた本のことをまったく知らなかった。そこで私の本を彼の自宅に送っておくことになった。話はそこで終わった。

本を送ったものの、彼はその本を読まないと私は思った。読んでも理解不能のはずである。建築の形ある世界と私が書いた本の内容とはまったく違う世界のことであるからである。

25年前、私は「形ある世界」から「形ない世界」へ踏み出した。私には今の人生の内にやり遂げておかなければならない仕事があった。言い換えればその仕事をするために生まれてきていた。そのことを人に説明することは極めて困難なことであった。25年前に、

「一身上の都合により、社長を辞めます」という話だけを社員に言った。

人間とは「肉体」と「精神」と「魂」との三身一体の存在であって「魂」は神の分身である。魂は多くの転生を重ね、その間に修得した叡智《えいち》は魂の内にある。魂は多次元世界の現実を知覚する一つの手段である。人間は無意識の深層レベルにおいて並外れた慧眼《けいがん》、奇跡と見まがうほどの明瞭さ、深い叡智を持って、自らの人生を自分自身で創造していくことができる。魂は神々の世界を感知できる。人間の潜在能力は無限である。人間は自らの限定された概念によって作り上げた一つの人生の中だけに生きる必要はな

い。一度、建築家として生きることを決めたからといって、一生をその世界に置く必要はない。

我々が自己の存在目的を考えるとき、通常は目を覚ましている日常生活での見地からする。しかし魂は、それ以外に夢の次元でも何らかの目的を持って行動している。幽体離脱した魂は、日常生活での目的を果たすために働いている。それだけでなく、魂は人生に関係なく、その魂の本来の仕事もし続けている。それは魂が、元々神性を備えているからである。

そのことに、通常の意識下にある人間は気づいていない。通常の自己の中に魂の能力を見出すことは可能である。通常の自己は、自ら知るところの自己以上の存在になることができる。

創造性なくして、この地球での人生は意味がない。自己は創造の新たなる分野を拓く。魂は神になろうとしている存在であって、人間は神の共同創造者である。

２０１９年７月７日　記　池田邦吉

目次

# 第一章　ヒーラー志願

## 一ノ一　読者からの電話

２０１７年７月７日（金）昼過ぎ、電話の呼び出し音が鳴った。すぐに受話器を手に取ると、か細い女性の声が聞こえた。

「神様に電話している感じです」と言う。こんな挨拶は初めてで、びっくり仰天である。

「まだ肉体を持って生きているただの人間で、神にはなっていません。どちら様でしょうか？」と私。

「かおると申します。先生の本、全部読ませていただきました。私、ヒーラーになりたくて。ヒーリングを教えてください」と彼女は言った。

「ヒーリングについては、バーバラ・アン・ブレナン博士がその教科書を書いていますから、その本を読んでください」

「博士の本『光の手』は読みました」

「それでは、あなたの住所と電話番号、ＦＡＸ番号を書いて、こちらにＦＡＸしてください」

「FAX番号を教えてください」と彼女。

「この電話番号と同じです」と私は言って、電話を切った。

前文章中の「ヒーリング」とは、手翳《かざ》しで病気を治す技術のことで、その教科書とは、河出書房新社が1995年に出版したブレナン博士の『光の手―自己変革への旅　上・下』のことである。博士は1939年2月10日にアメリカのウィスコンシン州に生まれ、2011年9月9日、フロリダで交通事故により、家族と共に亡くなった。

生前、博士はヒーラーを養成する学校を開いており、世界中のヒーラー志願者が彼女の下へ集まっていた。その学校名はバーバラ・ブレナン・スクールオブヒーリング、略してBBSHという。そのBBSHも博士が亡くなってから数年後に閉校となった。

かおるという女性が私に電話してきたのも、無理からぬことであった。先生も学校もなくなっていたからである。

電話を切ってしばらくするとまた、呼び出し音が鳴った。今度はFAXだった。彼女は静岡県在住で二児の母であり、夫の名も書いてある。

「頭の良い人だな～」と思った。私の一言で、知りたかったことを全て書いてくれた。そのように書いてくれとは頼まなかったのに。

かおるは40才をいくつか過ぎており、二人の女の子は幼稚園に通っていた。ヒーリングを勉強するについては好条件である。社会のことをまだよくわかっていない若い内にヒーリングの勉強に入ると、ヒーラーとして社会に出たとき、様々な人間関係に悩まされ、他人のヒーリングどころか自分をヒーリングしてくれる人が必要になる。かと言って、年をとり過ぎてからヒーリングを勉強し始めると他人のケアどころか、自分をケアしてくれる人を探さなければならない。

拙著の読者は日本全国にいて、２００８年秋に初めてヒーリングに関する本を出版してから、「ヒーラーになりたいのでヒーリングを教えてください」と連絡してくる人が後を断たなかった。そんなときにはいつも、

「ブレナン博士の教科書があるので、まずその本を読んでください」と答えていた。

しかし、その後連絡もなく、数週間後、私の方から連絡すると、

「むずかし過ぎて何が書いてあるかわかりません。ヒーラーになることは諦めました」

という返事である。そのため、ヒーラーを養成したことは一度もなかった。

ところが、かおるはブレナン博士の教科書を読んだ上で、ヒーラーに志願してきたのである。これは、それまでの読者とは大いに違っていた。

博士はウィスコンシン州立大学の理工学部を卒業している工学博士で、こういう人が書く論文は難解であることが多い。言葉の一つ一つがむずかしい。私も東京工業大学の建築学科を卒業しているが、東工大で使われていた教科書の多くは、ウィスコンシン州立大学で使われていた教科書と同様であった。

ヒーラーを養成することについて、問題が一つあった。マニュアルも何もなかったのである。

BBSHでは4年制の学部を卒業すると、そのさらに上にヒーラーを養成するためのカリキュラムがあったらしい。しかしそれがどのようなことなのかを私は知らなかった。それだけではなく私はBBSHの卒業生ですらなかった。ブレナン博士の本を読んで、その書かれている通りにヒーリングを実行していっただけである。その結果、2012年以降のヒーリングに関する4冊の本の出版につながったのだ。かおるという女性は、それらの本を読んでくれたに違いなかった。

だが、この人がヒーリング理論を理解できているとしても、本人にヒーリングの素質があるかどうか、この点が問題だなと思った。

そこで、ヒーリングの神様にお伺いを立てた。送られてきたFAXを神棚に置いて、かおるがヒーラーとしての素質があるかなきかを調べてください、と言った。その神様とは、伊勢神宮の別宮に祀られている「しなつひこの神」のことである。風の宮の主祭神である。

ブレナン博士を世界的ヒーラーに導いた神がいて、その方は「ヘヨアン」と名乗っていた。この件は『光の手―自己変革への旅　上巻』の初めの辺りに書かれている。「ヘヨアン」とはアフリカのスワヒリ語で「時を超え、国を超えて真実を語り継ぐ風、私は風」という意味。

風の宮の主祭神たる「しなつひこの神」のアフリカ担当の分神なのかなと思っていたら、なんと、

「ワシだ！」としなつひこの神が、私に言った。２００８年の秋の頃であった。

しかも、ブレナン博士の魂はしなつひこの神の分身で、アメリカに生まれる前は日本人として輪廻転生を繰り返していたという。その長さは５４００年にも及んでいた。

しなつひこの神は、ブレナン博士に守護神の名を教える際、「ヘヨアン」というペンネームを思いついた。伊勢神宮に祀られている自分の神名を告げても、ブレナン博士には

何のことかわからないだろうと考えたそうだ。現にブレナン博士は、1995年に初来日するまで、日本のことを何も知らなかったのである。

静岡のヒーラー志願者の素質について「しなつひこの神」にお伺いをしてからしばらくして、神が静岡県から連絡してきた。その連絡法とはテレパシーによる通信のことで、私はそれを「神様からの電話」と呼んでいる。神々はそれぞれ独特の呼び出し音を持っていて、その音の後で会話が始まる。

「フィフティ、フィフティだな〜」と神は言ってきた。

「50％の素質があるのであれば、ヒーラーになれる可能性があると考えますね」と私は答えた。

「それなら、あとはくによしに任せるよ」と神は言った。

私は今、福岡県の北九州市に住んでいる。

2006年6月1日までは、東京が仕事場だった。その時の住まいは埼玉県の狭山市にあったので、静岡県や山梨県、長野県に所用あれば、車ですぐ出かけていた。

ところが北九州市から静岡県や長野県には大変行きにくい。新幹線があるが、往復にかかる時間は両県に出張する意欲を削いだ。

このため、その地域の患者さんからヒーリングを頼まれても断らざるを得なかった。私にとってそこはヒーリングの空白地域になっていたのである。それで、

「かおるがヒーラーになってくれたら、その地域の私の読者で、ヒーリングを必要としている人たちに彼女の所に行ってもらえる」との考えが頭の片隅に「チラッ」と湧いてきた。神奈川県の東部や愛知県南部の人たちにも、彼女を紹介できるだろう。

彼女をヒーラーに養成するには、彼女自身が数々のヒーリングを体験していくしかないと思った。しかしその前に、ヒーリングの実技を彼女に見せ、それをビデオに記録させるべきだと考えた。そこで、彼女に電話した。

「静岡県内で、講演会を企画していただけないでしょうか。会場はどこでもよいのですが、できるだけ安い所がよいと思います。それと、講演会をビデオ撮影してくれませんか」

二児の母で、しかも専業主婦が講演会を企画するなど、とても無理かと思ったが、

「先生の講演会費はおいくらですか」との質問がいきなりきた。びっくりして、

「いらない」と私は答えた。

全国に読者がたくさんいて、東京などに行くと必ずヒーリングを頼まれる。九州と静岡の往復にかかる費用などは患者さんたちが分担してくれるので、数時間の講演料など問題にしていなかったのである。講演会のビデオを元にＤＶＤを製作させ、これをその後、販売すればいいと考えていた。

ところが、彼女はどうしても私に講演料を支払いたいとのことで、押し問答になった。結局、講演会の参加者からいただく費用（収入）から会場費等の支出分を差し引いた残額を私がいただく、ということで決着がついた。その電話をしている内に、この人が「にんげんクラブ」の会員として、その関連の仕事をしていることがわかってきた。

「にんげんクラブ」とは、故船井幸雄氏が作った氏のファンクラブの名称で、２００６年4月29日が発足日である。それ以前は「幸塾《さいわいじゅく》」と呼ばれていた。発足の日、東京の有楽町にあるホールで発足会が行われ、その時の最初の講師が私だった。

当時、私は離婚後の一人暮らしを続けていた。この発足会の1ヶ月後に、30年住んだ狭山市を離れ、単身北九州市に移った。目的はたった一つ、死に直面している一家族の救助作戦であった。それ以来、耳にしなかった「にんげんクラブ」という言葉を11年ぶりに聞くことになった。しかし、私が知っていた「にんげんクラブ」は船井先生没後、大いに変化していたことを、この時はまったく知らなかった。

静岡の講演会企画を引き受けた後に、彼女は自身のヒーリングを依頼してきた。本来、それが先のはずだが「ヒーラーになりたい」との話が始めにあったので、ヒーラー養成の要件で時間が使われてしまった。

彼女の話によると、幼少期にボールが頭に当たって怪我をし、それが元で視力が弱く、さらに両目の瞳が左右でずれているという。いわゆる極度の弱視と斜視である。これをヒーリングの技術で治してほしいと言う。斜視のヒーリングはこの日が初めての依頼で、私にはその経験がなかった。そこで「しなつひこの神」に電話した。すると「いざな実の神」にヒーリングを頼むとの返事だった。

「いざな実の神」は今から40億年前、「国之床立神《くにのとこたちのかみ》」の分神として生まれた神で、「いざな気の神」と一対である。

いざな気、いざな実の神は地球表面に大陸を作ることを目的として生まれている。この二神は滋賀県彦根市に近い多賀大社の祭神である。

私はこの多賀大社のデザインが大好きで埼玉県に住んでいる頃、よくこの神社を見に行った。車で6時間ほどかかるので、深夜に運転し、夜明けと共に到着というスケジュールであった。雄大な軒先が水平に長く広がっているこの神社のデザインは、他に類を見ない。フランク・ロイド・ライトがこの建築を見たら、さぞ大感激したに違いない。

私の父方のおばあちゃんの魂がいざな実の神の分身で、亡くなってから多賀大社で神業を重ねている。この人は私が高校生の頃に亡くなっているので、没後56年以上が経過している。

「まだ次の人生のために、人として生まれて来ないのですか？」とおばあちゃんに聞いたら、

「息子がまだ生きているのに、自分が人の世に転生することなど到底考えられません」と言う。その息子とは、木曽の上松町に住んでいる私の叔父のことである。この叔父は昭和元年の生まれ。

多賀大社では他にも私の親戚が神業をしている。他ならぬ私の生母の兄である。この人は広島大学で植物学の教授をしていた。すでに輪廻転生を終え、神となっている。

私が小学6年の時の担任は、小林和子先生という。私が東工大を卒業するまでずっと経済的支援をしてくれた大恩人であるが、この先生も多賀大社で神業を続けていた。

そんなわけで多賀大社に御縁が深く、今ではいざな気、いざな実の神様とヒーリングについてよく情報交換をしているだけではなく、両神様の魂を持っている人々のヒーリングにたびたび出かけている。

## 一ノ二　静岡の講演会

ヒーラー志願者と電話している時に、もう一つ気になることがあった。彼女の声がすごく小さいことである。女性特有の発声で、喉の部分だけを使っている。声に力が入っていない。これは腹式呼吸をしていないことによる。ヒーリングは腹式呼吸でするのだが、彼女が実際のヒーリングを始めればすぐにわかることであるし、この呼吸法は訓練すればできるようになるため、これからヒーリングを始めようとする人の要件とはしなかった。

いざな実の神様から連絡が入った。

「明日（7月8日）の土曜日夜に、静岡へヒーリングに行きます。しなつひこの神様から直々にヒーリング技術を教わってきていますから、大丈夫ですよ」と。

そこで、私は再び静岡の彼女に、電話でこのことを伝えた。私が患者さんに会う前に、まず神様がヒーリングに入ることを知って、彼女は非常にびっくりしていた。

「事前ヒーリング」については、これまでの私の本にはどこにも書いていなかった。事前ヒーリングだけでなく、事後ヒーリングもあり、それは神様が行う。

このため、患者さんからヒーリングを頼まれてもすぐには「ハイ」とは言えない。その患者さんを治すことができる神様の了解が、どうしても必要になる。幸いにもかおるのヒーリングは、いざな実の神が引き受けてくれて安心した。

通常、ヒーリングを行う神はその人の魂の親神になるが、その親神がヒーリングが苦手である場合には、ヒーリングを得意とする他の神が行う。しかしその場合でも、患者さんに近い人に関係する神が行う。

7月8日（土）静岡から電話が入った。

「講演会場をインターネットで数箇所調べています」と。

「この人、行動が非常に早い！　普通の主婦ではないな～」と私は思った。

7月9日（日）午後、いざな実の神様から連絡が入った。

「昨夜、かおるの頭部を見て、その場で修繕すべき所は治しておきました。右眼球と視神経の状態については、今晩もう一度調査に行って、異常が見つかればどのように治すか研究に入ります」と言う。

私は、そのままこのメッセージを文章にして、静岡にＦＡＸしておいた。

翌日の午後に、静岡からＦＡＸが入った。そのＦＡＸによると、

「今朝、すがすがしい気分ですっきり目が覚め、家事や育児、仕事がよく捗《はかど》ります！　きっと神様のおかげと感謝の限りです。

にんげんクラブ事務局には午前中にメールで連絡しました。―中略―

先日、船井幸雄記念館（旧御自宅）の書斎に船井先生が大事にしていた本を見て……。

―後略―」と書いてある。

いざな実の神様が、この人の頭の中にあったストレスを取り去ってくれたことを、理解した。さらに、ヒーラーとしての素質が大いにあるとわかった。神様の存在を感じることができるからである。その感性がない人は、ヒーラーとしての仕事はしない方がいい。

このＦＡＸにはもう一つ、私にとって重大な話が書かれていた。熱海の旧船井幸雄邸

の一角が、「船井幸雄記念館」になっていることである。そのことを私は知らなかった。船井幸雄先生の執務室は本宅とほんのちょっと離れていて、1階の執務室の地下は大きな会議室、又は教室のようになっていた。

しかし船井先生の死後、そこがどのように使われているかを想像すらできなかった。静岡の講演会に、「にんげんクラブ」所属の人々を誘おうと企画していることがわかったので、さっそく私は静岡に電話をして「にんげんクラブ事務局」の所在地、電話番号、担当者についてFAXしてくれるように頼んだ。このような事柄はインターネットを使えばすぐにわかることとなのだが、「ある事情」により、私はインターネット使用を神に禁じられていた。

電話によって知った担当者の名は、かつて船井幸雄先生の秘書をしていた女性であった。

「まだ秘書をやってるのか！」と私はびっくり仰天した。通常、社長の秘書さんは、その方が亡くなると会社を去っていくものであるが、なんと！　この秘書さんは、船井先生の息子さんたちの秘書を続けていたのである。11年前に有楽町の講演会場で別れた時から一度も会っていなかった。その秘書殿が私を覚えてくれているか、自信はまったくなかった。

7月11日（火）午後に静岡からＦＡＸが入った。秘書殿がいる会社は、なんと「株式会社にんげんクラブ」となっていた。それは、もはや11年前に発足した船井先生のファンクラブではないことを意味していた。

当然、発足当時の全国のメンバーたちは、もういないだろうと連想できる。さっそく、秘書殿に、北九州市に来た後で出版した私の本を送った。

7月12日（水）秘書殿からＦＡＸが入った。

「お便りをありがとうございます。その節は、よみうりホールでのにんげんクラブで大変お世話になり、ありがとうございます。もう、11年も経っているのですね。とてもなつかしいです。

ご著書をお送りくださり、ありがとうございます。楽しみに拝読させていただきます。

―後略―」

秘書殿が私のことを覚えていてくれて、感激した。前日に送った本は、20時間もかからずに東京に届いていた。北九州空港（拙宅に近い所にある）から飛行機で、夜の内に東京に運ばれたに違いない。今どきの宅配便は、陸送ではない。

このFAXの後、静岡と東京との間で情報交換が活発となり、15日（土）までには、講演会の会場と日時が決まっていた。

講演会場　熱海の船井幸雄記念館
日時　　8月19日（土）午後

これらが決まる前に、「しなつひこの神」から次々に連絡が入ってきていた。それは、8月19日前後の私のスケジュールについてである。

8月17日（木）に東京入りし、この日は午後2時からヒーリング開始。翌日は終日、東京でヒーリング。19日の講演会の日は、講演会に集中すること。20日から23日まではヒーリング申し込み有り、と神様は言う。

その時点では、誰をヒーリングするか何も決まっていなかったのだが、神様の指示通りにスケジュールを決め、旅行会社に行って、全行程のチケットを申し込んでおいた。

講演会まで1ヶ月と数日前だったが、夏休みの真只中に東京へ行くこととなり、飛行機と宿泊所は早めに手配しておかなくてはならないタイミングだった。旅行会社での申し込みは私の希望通りになり、帰ってくるとすぐに、講演会の案内書を作り始めた。

7月16日（日）午後、静岡からFAXが入った。

「先ほどはお電話をありがとうございました。

『焦らなくていいよ』とのお言葉、本当にありがたく、私にとっては神様から言われたようで、『状況をよくわかってくださっているな〜』と心に沁みました。現実的に3歳と5歳の娘がいる私は、今まで子育てで動けなかったこともありますが、まだまだ子供たちと一緒にいる時間が大事です。8月19日の熱海講演会が楽しみな反面、子供たちを置いていくことに、どうしても感情が乱れるのですが、そんなことも神様はみんなお見通しで……。―中略―

来週から申し込みが始まりますが、平常心で臨んでいこうと思います。来てくれる方に感謝の想いを伝え、先生とお会いできます時を楽しみにしております。―後略―」

最初の電話から8日目に、講演会の場所、日時が決まった。まだ出会ってもいない読者さんからの一電話でこのようになったことは、過去に一度もなかった。彼女は、物事の進め方があまりにも早い。常々セミナーを実施している団体の役員とは違って、この主婦殿は、講演会の企画など一度もしたことがない人のように思えるのだが。

週が明けて、7月17日（月）から講演のお知らせが始まった。にんげんクラブの事務局とかおるは、インターネットで全国にこれを発信し、私は手紙で読者に「講演会のお知らせ」を送った。実に旧式の方法である。しかし私は、その他にも、拙著の出版社（明窓出版）に頼んで、インターネットで「お知らせ」を全国の読者に送っておいた。
その結果、7月中に、8月17日から23日までのヒーリングスケジュールが埋まってしまった。

「神様の見通しがすごい」

講演会の参加者を募ることに夢中になっている内に、かおるの目のヒーリングのことをすっかり忘れてしまった。2年後の2019年4月に、ふっとそのことを思い出したので、臼井先生に彼女の目のヒーリングを頼んだ。
臼井先生とは、大正15年に亡くなっているヒーラーの、故臼井甕男《みかお》先生のことである。当時「ヒーラー」という概念はなかったが、関東大震災（1923年9月1日）の時に、数十万人の人々を治した方である。死後はヨーロッパで、神界のヒーラーとして活躍していたが、2012年1月15日に日本に帰ってきて、日本で神界のヒーラーとなった。

今は、伊勢神宮の別宮「風の宮」で神業をしておられる。臼井先生の魂は、「しなつひこの神」から見ると孫のような存在だ。

ブレナン博士の御魂は、しなつひこの神の直接の分身であるが、臼井先生の魂が「孫」ということは、臼井先生の親神は今、別の惑星にいるのである。

2019年4月に、臼井先生がかおるの斜視と弱視を治した時、人間のヒーラーは介在していなかった。その時は深夜で、かおるは完全に睡眠中であった。

私は、事前に静岡へ電話をしなかった。余計な心配をさせて安眠できないと、神界のヒーラーはヒーリングがしにくいからである。臼井先生の話によると、目の神霊手術は朝方まで続き、瞳の位置をほんの少しずつ正常な位置に戻していったという。

その日の午後になってから私は静岡に電話して、瞳の位置が正常になっているかどうかを聞いて、いったん電話を切った。しばらくして静岡から電話が入ったが、彼女は感激のあまり、声も出せないようであった。

このように、人間のヒーラーは自分で患者さんのヒーリングをするだけではなく、神界の存在にヒーリングを頼むことができるようでないといけない。

こう書くと、

「私は神様とお話ができないので、ヒーラーにはなれない」とすぐ断念してしまう人がいる。

ところが、人間とは肉体と精神と魂との三身一体の存在であって、魂は神の分身である。よって、魂はその親神と直結している。何かあれば、すぐ魂は親神に相談に行く。それは通常、本人が完全に睡眠中のことである。これをナイト・サイエンスという。

本人が昼間の覚醒時に、目に見え、音に聞こえ、手で触ることができる物質世界で、物事を考えて実行するのを、デイ・サイエンスという。

魂はその両方に関与しており、肉体が休んでいるときには必要な所に行って、必要な情報を集めてくる。ヒーラーの魂は、日本中至る所に祀られている神々と、常々から仲良しになっておく必要がある。

## 一ノ三　ヒーラーの立場

講演会の参加者を募る作業が一段落した頃、静岡から電話が入った。

「先生の本にはどこにもすさのおの神様の話が書かれてないのですが、どうしてでしょうか」とかおるが言う。

「よく、読んでるネ〜」と私。こういう質問は初めてであった。

「ずい分前のことですが、私の知人からヒーリングを頼まれたことがありました。その時、すさのおの神様が来て、『その者の病気は、普段の生活スタイルや生活信条が原因なので、本人がそのことに気づくまでヒーリングをしてはいけない』と言ってきました。それでその患者さんには、丁寧にヒーリングをお断りしたことがありました。以来、すさのおの神の御魂の人々がヒーリングを依頼してくることは、一度もなかったんです」と私は話した。

「神様がヒーリングを許可してくれない、なんてことがあるんですネ〜」とかおる。

「すさのおの神様だけでなく、他の神様でもヒーリングを許可しないケースは、多々ありますよ」と私。

「そんなとき、私はどうしたらいいのでしょう」とかおる。

「患者さんがヒーリングを申し込んできたら、ヒーリング申し込み書を書いていただいて、FAXしてもらいなさい。最近は、FAXをお持ちでない方も多いです。皆さん、インターネットで情報交換していますからね。でも近くにコンビニがあるでしょうから、そこから送信してもらえばいいんです。

その次に、受け取ったFAXを神棚に置いて、ヒーリングの許可がくるかどうか、1日待つのです。翌朝には答えがわかります」

魂がナイト・サイエンスを実行すると、朝までに回答が得られるという仕組みである。

ブレナン博士は、ヘヨアン（しなつひこの神）と名乗る精霊に直接話を聞いて、ヒーリングを実行に移していたと想像できる。しかし、全てのヒーラーにヘヨアンが付いているわけではないので、ヒーラーの魂にヒーリングの手続きをしてもらうのは、極めて日本人的手法である。

かおるが、さらなる質問をしてくるかと思いきや、

「わかりました。私、そのようにします」と言った。感性がすばらしい人なんだな、と思った。

ヒーラーは、ヒーリングをお断りしないとならないケースがある。お断りする勇気が必要である。

「病気は気づきである」と、精神世界を勉強した人なら、その多くが知っている。病気

になったら、その原因を知り、それまでの人生を振り返り、反省すると、自然に病気が治るという。「自然に病気が治る」とはどういうことかといえば、その人の親神がヒーリングによって治してくれるのである。

その人の魂の親神が、地球にいないケースがよくある。宇宙のどこかで仕事をしているのである。そんなときには、その親神が、地球に祀られている神のうちのどなたかに、守護神として依頼している。

私の守護神は、出雲の大国主命《おおくにぬしのみこと》様である。そのことについては、幼少の頃から知っていた。人生の様々な岐路に立ったときには、極めて適切なアドバイスをくれた。大変ありがたい神様である。10年ほど前のことであったか、私は大国主命様に一つの質問をしたことがあった。

「大国主命様は御自身の御魂の人々に、常にこのように守護しておられるのですか?」と。

「いや、くによしの守護については、お前の親神に頼まれていたからである」

「私の親神に頼まれた? その親神とは誰でしょうか」

その時、大国主命様からは何の返事もなかった。

出雲大社で60年に一度の遷座祭《せんざさい》があった年、2013年に「天之御中零雷の神《あめのみなかぬち》」が地球に来た。この年の5月に、大国主命様が、この神様を我が家に連れて来た。そして、この神が私の親神であることを告げた。

「自分は60年に一度、地球を訪問することにしており、お前が生まれた時に、大国主命にお前の守護を頼んでおいた」と、天之御中零雷神は私に言った。

この神は、宇宙がまだ光だけであった時に、「意識体のエネルギーだけの存在」であった。世界的に誰もがいう、「創造主」のことである。ある団体では、「初源の神」と表現している。現在、我々に見えている宇宙を創った神である。

「天之御中零雷の神」というのは、我が国の最も古い文献「古事記」や「日本書紀」に出てくる、日本語としての神名である。宇宙の中心の神、と書けばわかり易いであろう。

私の守護神、出雲の大国主命様は別名を「幽界《かくりよ》の大君」と呼ばれている。人間の魂の管理者である。

人は死んで魂だけの存在になると、最初に大国主命様の霊界へ行く。そこでは、今生の浄化が行われる。「精神の浄化」とか「想念の浄化」ともいう。その浄化が終わると、魂は親神の元へと戻る。親神の元とは、その神の霊界のことである。そして、次の人生が決まるまで、そこで神業を重ねることになる。

このように、親神と守護神とが異なるケースがあるが、それは私だけではない。一般的にET（地球外生命体、つまり宇宙人）の魂を持つ人々は、親神が地球にいない。そんなケースでは、その親神が、地球の神にその人の守護を依頼していることがある。

しかし、その手続きをしていない神もいる。親神も守護神もこの地球にいない人々が、大勢いるのである。つまりET（宇宙人）の魂の人々が、この地球に大変多く住んでいる。そのETたちはシリウス星系人、プレアデス星系人、ティア・ウーバ星人、オリオン星系人、クラリオン星人、等々である。

ヒーリングを申し込んできた患者さんの魂に、親神も守護神もいないことに、ヒーラーの魂が気づいた場合、ヒーリングすべきか大変困ることになる。この時、ヒーラーの顕在意識には、「その患者さんのヒーリングをしたくない」という、なんとはなしの思いが湧き上がってきたり、朝起きた時に気分が重い等の感覚がある。このような場合は、ヒーラーはその人のヒーリングをしない方がよい。

それでも、人間関係や社会的に、ヒーリングをせざるを得ないようなケースでは、その患者さんに神様の守護をお願いするようにアドバイスする。その人の好きな神様が祀られている神社に行って、神主に頼んでその祭神に「守護依頼」をするのである。このとき、その神社の祭神がその患者さんの守護神になることを請けおってくれれば人間のヒーラーは「やる気」が起こる。その反対になると、人間のヒーラーには「断ろう」という思いが強くなる。

私の体験では、ヒーリングを断ったケースが50％ある。つまり、二人に一人はヒーリングしないのである。ヒーラーは医者とは大いに違う立場にあることがわかるであろう。日本人として生まれ、魂も日本に祀られている神の分身である場合でも、親神も守護神もいない人が存在している。これは、その患者さんが、

「神も仏もあるもんか、人間は死んだら終わり」と固く信じている人々である。

「神はいないと信じている人に、どうやって近づけばよいのだろうか」と神々は皆一様に言う。しかし、こうした唯物主観の人々は病気になると病院に行くので、ヒーラーが相手にしなくてもよい。問題は、ヒーラーにヒーリングを依頼してくる人たちの信条と、親神なり守護神の「許可」のことなのである。

ETではないが、日本に祀られていない外国の神の魂を持っている日本人がいる。例えば、ヨーロッパの守護神の魂の人とかインド大陸の守護神の魂の人とかのことである。ETの魂の人々のケースとほぼ同様の事態になっている。この場合でも人間のヒーラーはETの人の場合と同じようにする。つまり、患者さんに近くの神社に行っていただいて神様への「守護依頼」を神主さんに頼んでいただくのである。

神様の中には、ヒーリングを苦手としている神がいる。例えば、国之床立地神がそうである。国之床立地神は、太陽系を創った神で、つまり、太陽とこれを周回している各惑星を創った神である。地球ができつつある時、その表面が冷えてくるに従い、地表面の外側にあった気体が冷えて、雨となって降り注いだ。やがて、地表面は平均8千メートルの海水で覆われた。

そこで国之床立地神はいざな気、いざな実の両神を分神として生み成し、海底の岩盤を海面上に引き上げる計画をした。この国之床立地神は日本全国の神社に祀られているが、主に大阪の住吉大社にいることが多い。この神様は太陽系を創った神で、人は創っていない。このため、人のヒーリングは大の苦手なのである。患者さんが国之床立地神の御魂である場合、親神の国之床立地神はヒーリングを得意とする他の神々にその人のヒーリングを頼むケースがよくある。なんといっても、地球や太陽を創った神なので、他の神々はこの神様の依頼に「ノー」とは言えない。

国之床立地神の分神、いざな実の神はヒーリングが非常にうまい。女神様でヨーロッパではギリシャ神話に登場している「エロス神」である。女神様は他の神様同様、男性の神よりヒーリングがうまい。細やかな神経をお持ちだからであろうか。

国之床立地神が自身の分身たるいざな実の神にヒーリングの依頼をしたことはなかったと思う。どういうわけか相性が悪いのか、もしくは別の事情があるのかもしれない。いざな気の神も国之床立地神と同様、ヒーリングが苦手である。そのいざな気の神はよく伊勢に行って、臼井先生に自分の分け御魂《みたま》の人間のヒーリングを頼んでいる。

人間のヒーラーはこうした神々の事情を知らなくてもよい。そのヒーラーの魂がその人を導いてくれるからである。現に、ブレナン博士は患者さんの親神や、守護神がどなたであるかを、いちいち特定していない。全て聖霊として表現している。ブレナン博士はアメリカに生まれ、クリスチャンとして生涯を閉じている。彼女の所に勉強に行った世界中の生徒さんたちは、それぞれ自国の宗教を信じていたであろう。しかしブレナン博士はヒーラーを志す人々の宗教について一切、問題にしていない。

「ヒーリングはサイエンスです」と生前、ブレナン博士が言っていた。ヒーリングは宗教ではないのである。

患者さんの親神、あるいは守護神がその人のヒーリングを行って病気を治す。ならば人間のヒーラーは必要ないのか、といえば、それは違うのである。神界のヒーラーにとって人間のヒーラーはいた方がよい。その理由は様々にある。

病気になっている人というのは、波動が非常に下がっている。波動の単位のことをヘルツと呼ぶが、例えば末期癌の患者さんは、150ヘルツほどになっていることがある。身心共に健康な人というのは、1800ヘルツ以上になっている。

神は波動の低い人に近づけない。しかし、人間は波動の低い人にも近づくことができる。人間のヒーラーが患者さんのそばに立つと、神界のヒーラーは人間のヒーラーの後について、その人と共に患者さんのヒーリングを始めることができる。この意味で、人間のヒーラーは波動を高めておく必要がある。逆にいえば波動が低い人というのはヒーラーにはなれないのである。

波動が高い人の意識は「我（エゴ）」が小さい。仏教では人間の表面意識を「小我」といい、魂の意識レベルを「大我」という。「小我を捨て、大我で生きよ」とは仏教の教えであるが、人間のヒーラーはまさに魂レベルで生きてないとならない。「よろしからぬ欲」を持っている人は波動が極めて低く、ほとんど病人と同じレベルになっている。こんな人たちに神様は近づかないのでヒーラーにはとてもなれない。反対に「よろしい欲」というのは、向上心のことである。向上心の強い人はよく勉強をする。ヒーラーは常に勉強してないとならず、これには終わりがない。つまり勉強ができない人はヒーラーにはなれない。

一見して「暗い人」は右脳の感情機能に欠陥があり、感情機能障害の病人である。ヒーラーにとっては患者さんである。ヒーラーは、常に自身の波動を高く保つようにしていなければならない。

## 一ノ四　認知症？

話は3年前に遡る。2016年の夏、私は体の変調を感じていた。午前中の家事、炊事は普通にできるのだが、昼過ぎになると眠くなるので床に入っていた。昼間に眠るとその夜はなかなか寝付かれないものであるが、夜も早々と寝てしまう。そのうち、物忘れがひどくなっていった。「認知症が始まっているのかな、そろそろ神様の元へ帰る時が近づいてきているのだな」と思った。そこで私がこれまで集めてきた研究資料や本を整理し始めた。毎日、少しずつ書棚を整理し、溜まるとそれらを車で廃品所に運んだ。ひと夏かけて、その量は1トンを超えていた。書棚には必要最小限度の書類だけが残った。夏休みが終わる日、8月31日に妻が、私の顔をじ～っと見つめて、

「あっ、幽体離脱している」と叫んだ。その言葉にびっくりして私は言った。

「ああ～、そういうことだったのか」と。しかし、何で幽体離脱が頻繁に起きるのか、その理由がわからないまま、この後も症状は治まらなかった。

2016年の夏は、しなつひこの神の元にいた神界のヒーラーたちが、次々に母星に帰っていった。残ったのは、臼井先生と故ブレナン博士だけになっていった。

「私のヒーラーとしての仕事も、そろそろ終わりに近づいてきたのかもしれない」と思った。故ブレナン博士は、亡くなった直後に出雲の大国主命様の霊界に入った。そこで、アメリカで生まれる前は日本人として輪廻転生していたことを教えられた。

その1年後、しなつひこの神は出雲に出向いて、ブレナン博士を引き取った。伊勢に

連れ帰ったのである。その時にはまだ、ブレナン博士はしなつひこの神のことを相変わらず「ヘヨアン」と呼んでいた。そのため、周囲のしなつひこの神の分身たちと不調和音を作り出していた。特に別宮での神業は不得手であった。長いアメリカでの生活が抜けなくて、周囲の神々が困っていた。

通常、大国主命様の霊界では今生の浄化が行われるのだが、ブレナン博士の浄化は出雲では行われなかったらしい。その辺の事情について漏れ聞いたところによると、大国主命様はブレナン博士の生前に於けるヒーリングを大いに評価しており、亡くなってからも特別待遇で、神界のヒーラーとして人々のヒーリングを頼んでいたらしいのである。そんなわけで、ブレナン博士が伊勢に戻ってからも、ずっとヒーリングの仕事を続けていた。

臼井先生の場合は、午前中は「風の宮」で神様の仕事を行い、午後からは他の神様のヒーリングに関しての陳情を承っていた。ブレナン博士は伊勢に戻ってから、臼井先生のような仕事ができずにいた。博士は、伊勢でも特別待遇だったのである。

年が明けて2017年になっても、私のボ〜ッと生きている状態は変わらなかった。

ところが、いざヒーリングの依頼が来ると、いつもと同様にヒーラーとして働くことができた。何とも不思議な生活であった。

この年の7月7日に静岡からヒーラー志願者の申し込みがあった時、その人に講演会の依頼をし、その場面をビデオ撮影することを条件としたのは、自分の人生がもうすぐ終わると思ったからである。生きている内に、ヒーリングの原理とヒーリングの技法をDVDに記録しておこうと考えた。ブレナン博士は生前、ヒーリングの実技について、ビデオやDVDに記録しておくことを一切行っていなかったようだ。それと、ブレナン著「光の手　上・下」の内容がむずかしいので、何とかわかり易く説明しておこうと考えたのである。

この時、認知症になっていたら、こんなことは考えもつかなかったに違いなく、認知症ではないことは明らかになった。


講演会の当日、8月19日（土）は雲の合間から時々光が差し込んでいて、真夏にしては暑さが和らいでいた。雨の心配はなさそうなので、傘を持たずにホテルを出発した。この前日に秋田市から来た患者さんのヒーリングを済ませていて、その方と熱海に向かうことになった。その方は一見するとかなり高齢な男性で、ヒーリングをする前は杖をついていて「歩行困難」であった。にも関わず、秋田市から同伴者も付けずに一人で来ていた。

聞くと、「秋田新幹線に乗ってしまえば、一人でも来れる」と言う。今どきのJR各駅はバリア・フリー化が進んでいることがわかる。この人は、「にんげんクラブ」のインターネットで私のことを知り、ヒーリングを申し込んできていた。

ホテルから山手線の駅まで彼といっしょに歩いた。彼はスタスタと歩いていて、杖が邪魔なようである。手を貸す必要がまったくなかった。ホームに上がるにはエレベーターが必要と思えたが、そこは工事中だった。階段を登らざるを得ない。高齢の患者さんにはきつい行程になる。ところが、かなり速い速度で私といっしょに階段を登り切ってしまった。ヒーリングの効果は絶大であった。

品川までの山手線内で雑談をしている内に、秋田から来たこの人は東京に詳しい人だとわかった。品川駅で東海道新幹線の「こだま」に乗りかえて、患者さんを窓側に座らせた。

時々、車窓から弱い光が差し込んで、秋田から来たその人の左半身を照らしていた。

「ところで、私の神様はどなたでしょうか」と彼は私に質問してきた。

『天照皇大御神《あまてらすすめおおみかみ》』です」と私。
「さっきからずっと、あなたに光を当てているでしょ」と私は付け加えた。彼は、「えっ」と言ったまま、押し黙ってしまった。そのまま、何か考え事をしているようで、電車が熱海のホームに着くまで話をしなかった。

熱海駅は、観光客でごった返していた。会場へはタクシーで行くことにした。バスのダイヤは大いに乱れていて、いつくるのかわからない事態になっていた。

朝早くに東京のホテルを出発して良かったと思った。歩行困難な方を連れて行くので、熱海へ着くのは通常より時間がかかると思っていた。ところが、通常の時間内で到着したため、講演の時間よりかなり早めに熱海駅に着くことができた。

タクシー乗り場には行列ができていた。足湯には知らん顔をして、タクシー乗り場へと直行した。やがてタクシーに乗り、会場へと向かった。会場へ入ると、参加者はまだ集まっていなかった。椅子はまだ並べられていなかった。

私がかつて知っていた部屋は昔のままになっていたが、1ヶ所、前とは違ったところがあった。入口を入って左側の壁一面に本棚があり、そこには故船井先生が読んでいた本が整然と並べられていた。そこには私の本もあった。

かおるは、二児の母とは到底思えない服装で現れた。電話で話をしていた時には声が小さかったので、体格も小さいとイメージしていたのだが、私のイメージは「あっ」という間に消えた。身長は私と大差ない。私は１６７センチである。子を産むと、女性は横に大きくなるものだが、この人は独身のような感じである。白い素地に花柄模様のワンピース姿で、はなはだおしゃれな姿である。私の講演の司会進行役としてはいかがなものかと思った。彼女と挨拶が終わると、すぐに彼女の御主人が紹介された。どこかの芸能事務所に所属している「イケメン」のようだった。なかなかの美男子である。この人が二児のパパかと思った。二人が自宅から運んできてくれたヒーリングベッットを置く場所と、椅子の並べ方を指示した。会場が急に騒がしくなっていった。

そこに、東京からの私の旧友が入ってきた。「まだ昼食を取っていない」という。そこで私は、中庭に彼を案内した。会場の設営をしている真只中では、食事も無理であった。

北海道から、拙著の古くからの読者が到着した。その方は医師で、大きな病院に勤務していた。この日は、私の実技の時に患者さん役をしてくれることになっていた。

「今日は3時頃から実技に入りますのでよろしくお願いします」と私は挨拶した。この方の長男さんが重い心臓病で余命幾許《いくばく》もないという時に、ヒーリングで治していた。その時の神は「しなつひこの神」であった。この日は、そのヒーリングのこととは別の要件を持って熱海の会場に来ていた。


福岡県の福岡市から来た読者が元気に入ってきた。

「どうやって来た?」と私は挨拶すると、

「新幹線で」と彼は答えた。

「宿はどこだ?」と私。

「夏休み中のことで、ホテルは全くとれません。日帰りです」と彼は言った。この人は生まれた時から虚弱体質で病院通いの人生だったそうだが、たった1回のヒーリングで健康になった。

私の読者たちと雑談している間に続々と参加者が入場してきて、受付に列ができていた。その列の中には、かってどこかで出会ったことがある人たちがいた。船井先生の所

で働いていた人たちである。次々に席に座って、講演会がいつ始まってもいい感じだったので、私もマイクの前に立った。すると、

「先生！　バスが遅れていて、数人がまだこちらに向かっているようです。歩いて来る人もいるようです。開始をちょっと待ってください」と誰かが叫んだ。

その時、席に着いている人が多くなっていたので、私は持参した私の本を取り出し、これを回覧し始めた。その本は建築の教科書で、すでに絶版になっていた。

「私、元々、建築家でして、設計事務所の社長を長いこと勤めていました」と言った。講演の前に、参加者と雑談を始めたのである。この場面は撮影されていない。ヒーリングとはまるっきり別の仕事をしていた後にヒーラーに転じたことに関して、会場からは何の反応も起きなかった。皆、私のことを知っていたからである。ただ、私が書いた建築の技術書を見たことがなかった方々なので、珍しそうに私の本を見ていた。

やがて、ドアを押す音がして数人の女性たちが入ってきた。見ると、汗だくである。熱海から徒歩で山を登ってきた人たちがいたのである。

参加者の最後の人が会場に入り、受付が終了すると、かおるが立ち上がり、マイクのそばに立った。かおるの御主人がビデオ撮影を始めた。後に、このビデオをＤＶＤとし

て、かおるが販売することになった。

講演が終わって、参加者の一人からヒーリングの申し込みがあった。聞くと熱海駅からあまり遠くないマンションに住んでいるという。病名は胃癌であった。この日、講演会で体力は限界だったので、翌日もう一度、熱海に出直して、ヒーリングをすることになった。そのヒーリングをかおるが見学することになった。

講演会の翌日に、実際の癌患者さんをヒーリングする現場を、このヒーラー志願者が見るという場面が実現してしまった。

# 第二章　人間界と神界と

## 二ノ一　波動修正

かおるとその御主人が撮影したビデオは、さっそく「にんげんクラブ」事務局の秘書殿に送られた。そこで、ＤＶＤの製作が始まった。やがて完成したＤＶＤは、９月11日に我が家に到着した。手紙が添えられており、それは９月８日に書かれていた。

「その節は大変お世話になりました。
熱海での収録ＤＶＤをお送り致します。
お話は和やかで、楽しいですね。
ヒーリングは神様の許可が必要ということを納得しました。─後略─」

この秘書殿は、８月19日の私の講演を世話してくれたのだが……。その日、所用があって会場に来られなかった。しかし、収録されたビデオを見ただけで、ヒーリングの本質を理解した。その感性がすばらしい。こういう人は病気にならない。仮に病気になっても、彼女の守護神が治してくれるのである。

完成されたＤＶＤは２枚に編集されており、一つのパッケージに納められていた。一枚は講演の部、もう一枚は実技の場面になっていた。パッケージの表紙デザインは大変すばらしく、私の想像を超えていて大感激した。翌日、お礼の電話を秘書殿にすると、なんと、販売と製作は静岡のかおるが行うことにしたと言う。

専業主婦がＤＶＤの製作をし、販売もするということが可能なのかと少々疑問が湧いたが、９月19日（講演の日から１ヶ月後）たくさんのパッケージが静岡から我が家に届いた。

翌日から私はこのＤＶＤを友人、知人たちに「記念」として送り続けた。それ以後、講演会の依頼はどこからもなくなった。

そして、個別のヒーリングの依頼があったときだけ、対応すればよいということになっていった。

一方、かおるはこのＤＶＤを、周辺の友人たちや親類の方々に回覧し始めた。ヒーラーは親兄弟に支持されていないと、その仕事を継続していくことができない。周辺の方々に反対された場合は、ヒーラー志願をしない方がよい。かおるはＤＶＤの完成を待たず、家族や隣人の友人たちにヒーリングの話をし、さらにヒーリングを始めていたらしい。それは、いわば本格的にヒーリングを始める前の「練習」のようなことであった。

「友だちにＤＶＤを見せたら、先生の本を読んでみたいとみんな言い出した。本を読むことを勧めてみても、なかなか読もうとしなかった人たちだったのに」と、彼女が電話してきた。かおるの御両親は静岡に住んでおり、母親は骨粗鬆症のため車椅子の生活を送っていた。台所は父親が行っているという。骨粗鬆症は、高齢の女性に多く見られる。女性ホルモンの異常による症状であるが、脳下垂体が異常になってくるのが真因である。母親の話をかおるから聞いた時、私はとっさに「食事療法」をアドバイスした。骨を作るのに必要な食事法のことである。カルシウムの他に、骨を作るのに必要なビタミンDは干ししいたけに多量に含まれている。一方、静岡はしらすや桜エビが多く取れる。干ししいたけとそれらの海産物を、三度の食事に取り入れることを提案した。

その結果、1年後にはかおるの母親は台所に立てるようになった。その間、かおるは本格的なヒーリングを母親に行っていたと思われる。母親が体力を回復すると、今度は父親が立てなくなった。

ヒーリングを頼まれると私はよく、その患者さんに「食事療法」を勧めることがある。その病気の原因が、日々の食事にあることが多いからである。

「手翳しをすると、私の手が誰かに引っ張られるように、患者さんの患部に行くのですね。その時、手の平がヒリヒリしてくるので、どこが悪くなっているかわかるんです

ね」とかおるが言ってきた。その時、私は

「この人、ヒーラーとしての才能があるな、50％以上だ」と思った。実際のヒーリングを重ねるたびに、この感覚はさらに磨かれていくはずである。

「手翳しの時、誰かに引っ張られるような感覚」の誰かとは神界の存在のことである。人に手翳しをした時に、ヒーラーの手の平からヒーリング・エネルギー（ヒーリング・パワーともいう）が出ている。このエネルギーは、気功や合気道のような気のエネルギーではない。それはいわば魂に属するエネルギーである。気功や合気道のエネルギーは顕在意識のエネルギーであって、ヒーリング・エネルギーとは違う。いわば「自我のエネルギー」である。

気功等をしている人々は全国に何十万人もいるが、その方々が病気の他人を治せるかといえば答えは否である。気功等はそれを実行している人自身の健康維持に役立っているのである。

では、「ヒーリング・エネルギー」とは何であろうか。

人間は誰しも「生命エネルギー」を持っている。人だけでなく、全ての生命体（植物も含める）はこのエネルギーを持っている。人の場合、全てのチャクラから入ってくる

「光のエネルギー」がその素となっている。

チャクラは通常、人の目では見えないが、時々見える人が現われる。ブレナン博士やBBSHの指導者たちは「明らかに」見えていた。だからこそブレナン博士は、ヒーリングの教科書を作ることができたのである。

その『光の手・上巻』の100頁に見事なチャクラのイラストが描かれている。人の全チャクラから入ってくる「光のエネルギー」は、物質になる前の光である。チャクラから入ってくる「光のエネルギー」は脊椎に集まり、そこで血液の中に入る。血液が心臓を通過するとき、「光のエネルギー」が「生命エネルギー」に変換される。この生命エネルギーは、食事によって得られる「運動エネルギー」とも違う。「生命エネルギー」は、人が生命体として生きていくために使われるエネルギーである。つまり、人は食事をしなくても生きていけるようになっている。

この生命エネルギーが、ヒーラーの手の平から出ている「ヒーリング・パワー」なのである。「魂に属するエネルギー」とはこのことである。

ヒーラーが患者さんの患部に手を翳すと、ヒーリング・エネルギーは7色の水玉のように手の平から出て、必要な患部に注がれていく。「まるで光の玉のシャワー」のようだ。病気の人は皆、生命エネルギーが乏しくなっている。別の表現を借りると、「病気の人は皆、波動が低くなっている」。

生命エネルギーは、特有の波動を持っている。生命エネルギーが乏しく波動が低くなっている人はチャクラが壊れていて、そのチャクラの機能が働かなくなっている。光のエネルギーが充分に入ってこられない事態に陥っているのである。ほおっておけば、「死」は時間の問題になっている。

そこでヒーラーは、患者さんの患部に生命エネルギーを注ぎ込んだり、壊れているチャクラを修繕することになる。チャクラをまだ目視できないヒーラーは、神様に治してもらうことになる。つまり、ヒーラーはいつも「神様といっしょ」でなければヒーリングはできない。かおるの場合、その始めからいざな実の神が付くことになった。

DVDができ、これを周辺の友人たちに見せ始めると、さっそくかおるにヒーリングの依頼がきた。かおるにとっての最初の本格的なヒーリングは、10月14日（土）午後と決まった。

かおるの最初の患者さんは、難病を持っていた。20代で膠原病《こうげんびょう》であった。膠原病は、背中側のチャクラが壊れているために発症する。チャクラは腹側と背側とで一対に存在しており、背側のチャクラは感情のチャクラともいう。成人して若い頃、人間関係等で悩むようなできことがあると、それが元で背側のチャクラを壊してしまうことがある。すると、そのチャクラが管理している内臓が病気を発症する。

ヒーラーは、最初から重病患者に出会うことになる。一般の病院等で治るような病人は、ヒーラーにその治癒を依頼してはこないからである。従ってヒーラー志願者は、このことを覚悟しておかなければならない。末期癌のため、医師がその治療を諦めたようなケースで、患者さんはヒーラーに頼ってくるものなのである。

10月14日午後、ヒーリングを終わってしばらくしていざな実の神から私に連絡が入った。「かおるのヒーリング・パワーが弱くて、時間がかかる」と言う。

「かおるの呼吸法が問題だな」と、私は思った。この年の11月、12月もかおるへのヒーリング依頼が続いた。私はその都度、かおるに、

「もし、ヒーリングが苦しいようだったら、ヒーラーを止めてもいいよ」と言い続けた。しかし、この人は私の忠告をその都度、断固として断り続けた。

年も改まって2018年、かおるにヒーリングを申し込んでくる人が続いた。正月も終わった頃、伊勢の臼井先生から私に連絡が入った。

「かおるの波動を修正しておいた」と言う。彼女がヒーラーとしての仕事を続けていけるように、神様がかおるの波動を上げたのである。それは、前年の秋から少しずつ始められ、年末まで続いたようだ。人間の波動を一気に変えると、その人間に体の変調が生まれる。

私の場合、2009年の夏に1ヶ月かけて波動修正が行われたが、その1ヶ月間はずっと気分が悪くて、普段何でもなくできたことが何もできない事態になっていた。

かおるの場合は3ヶ月以上にわたり、少しずつ波動を高めていったようで、本人がそのことに気づかないようにゆっくり、時間をかけて行っていたようだ。

波動が上がった結果、かおるの親神とかおるの波動はまったく変わり、親神はかおるに近づけなくなった。彼女の波動は親神より、臼井先生やしなつひこの神に同調し易くなったのである。これは神界のヒーラーたちが、かおるのヒーリングに対する熱意を認め、ヒーラーになることを決めた結果として起こったことであった。ヒーラーたる者は「かくの如し」である。

DVDの販売元
〒436—0342　静岡県掛川市上西郷2536—5
TEL・FAX　0537—29—1103　担当＝かおる

## 二ノ二　天之御柱神

2018年2月頃、しなつひこの神から私に連絡が入った。

「2016年の夏からワシのヒーリング現場にくによしの魂を同席させることにした」と言う。

「どおりで昼頃になると眠くなり、夜になると同時に眠っていたわけだ。魂が抜けていたんだ」と私は思った。ボーッとしている間は、まるで認知症に陥っていたように感じた。この年の夏から伊勢にあった「しなつひこヒーリング・チーム」の面々は、三々五々母星へと帰っていった。その方々に代わって、私の魂が神界のヒーラーになるための訓練であったことがわかってきた。

「魂が神界のヒーラーになる」とはどういうことか。私の魂が私の肉体から離れ、つまり幽体離脱して神界のヒーラーとしてヒーリングの仕事をするということである。その時、私の肉体はどうなっているのかといえば、「眠っている」かあるいは「ボーッとして認知症の患者さんのよう」になっている。

3月4日に、再びしなつひこの神から連絡が入った。

「ワシらは全員、元の神名に戻った」と言う。今度は「ら」が入っている。ワシらとは「大綿津身神《おおわたつみのかみ》、豊玉姫神《とよたまひめのかみ》、吾屋《あや》惶根神《かしこねのかみ》、しなつひこの神、しなと女《め》の神」の5神のことである。5神が元の天之御柱神に戻り一つの神になったという。他にもこの神の分神がいるのではあるが、

「大戸まといの神、飽食《あきくい》の虫の神、天の鳥船神についてはそのままにしてある」と話が続いた。この神界の変化について、

「どうしてこんなことに?」と私は神に質問した。すると神は、

「第3次世界大戦が起きて、核爆発により、この地球が粉々にされてはならぬから」と言う。この前年、北朝鮮が太平洋上に大陸間弾道ミサイルを発射し、アメリカのトラン

プ大統領と金正恩との間で険悪な事態が生まれていた。大戦争を防ぐ手だては、伊勢やその他に祀られている神々が元の一つの神となり、その任務につくため外国に行くのだと神は言う。

「伊勢での仕事はどなたに？」と私。

「臼井にさせる」と神。ヒーリングの神をお一人残しておいてくれるとわかって、私は一安心した。すると天之御柱神は「ふっ」と消えた。

その神は、3月30日に再び伊勢に戻ってきた。「天の御中零雷神の所に行って、地球のことについて相談していた」と言う。この日、日本の神々が伊勢に集められ、今後の地球に関しての話が、天の御柱神から他の神々に伝えられた。

翌3月31日、故ブレナン博士と神倭姫命《かんやまとひめのみこと》が天之御柱神に呼ばれた。神倭姫命は伊勢神宮の創建者であるが、伊勢神宮全体の神々による神業の束ね役でもある。

故ブレナン博士は伊勢における神業が苦手で、神界のヒーラーとして特別席にいた。しなつひこの神が伊勢別宮、風の宮等での神業を止めたので、ブレナン博士の立場が中ぶらりんになっていた。神倭姫命がブレナン博士を預る案件もあったが、それも無理があった。

結局、ブレナン博士の魂は天之御柱神が吸収した。それはつまり、ブレナン博士は魂の段階としても「消えた」ことを意味する。神界のヒーラーとしての存在もなくなったのである。臼井先生が「しなつひこの神」の代理として、また、神界のヒーラーとしての仕事も、大変忙しくなると思えた。肉体を持ったままの人間の魂が、はたしてどれだけ神界のヒーラーとして機能できるものなのか、まったくわからない。


3月31日の夜、ブレナン博士の魂を吸収した天之御柱神は、また「ふっ」とどこかに消えた。

天之御柱神は、今からおよそ39億9千万年前、いざな気の神が日向（今の宮崎県の一角）の岬に立って「これからどのようにしようか」と考えていた時に、灰の雲を押し分けて現われた神である。この神は天之御中零雷の神の直系の分神で、この時いざな気の神にこれからの地球の創り方等々について、重要なアドバイスをした。

その時、いざな気の神は天照大御神とすさのおの神の二神を生み成した。この任務を終えて、天之御柱神はいったん、宇宙の中心に戻り、天之御中零雷神と今後の地球について相談した。その結果、天之御柱神は二手に分かれて仕事をすることになった。一方は地球で生命体を創る仕事をし、一方は宇宙の中心にいながら、宇宙全体に創られている惑星の様々な情報を集める仕事をすることになった。

神は元々、形を持っておらず意識だけの存在である。そのため、一度に多次元において同時に存在することができる。

神は宇宙の中心にいながら、他に銀河系にも、その中の惑星にも同時に存在することができる。神の意識はエネルギーである。光がエネルギーを持っているように。神は、そのエネルギーを何等分にも分割して存在することができる。人の魂は神のエネルギーの一部であって、魂は神と同じようにそのエネルギーを分割することができる。幽体離脱するときの魂は、その肉体に幾分かを残していく。

地球を担当することになった天之御柱神の分神は、地球に入り、まず海水中に軟体動物を創った。その働き由に、この神は後世「大綿津身の神《おおわたつみ》」と呼ばれるようになった。さらに、すさのおの神が大陸を創り、そこに植物が繁茂し始めると、天之御柱神は「大戸まといの女神」「飽食の虫の神」「天之鳥船神《あめのとりふねのかみ》」という分神を生み成した。これらの神は虫類を創った神である。さらにその後、天之御柱神は動物を創っていった。その働きにより後世「吾屋惶根《あやかしこね》の神」と呼ばれるようになった。

時代が進んで地球に多くの人々が住むようになった頃、天之御柱神は「風の神、あるいはしなつひこの神」と呼ばれるようになった。

「大綿津身の神、吾屋惶根の神、風の神、しなつひこの神という神名は人間界が生み出した神名であって、全て天之御柱神のことである」と神は私に言った。つまり、これらの神々はそれぞれ別の神として存在していたのではなく、初めから天之御柱神だったのである。3月4日は分神たちが一つの神として合流したのではなく、元の神名を名乗った日であった。

今からおよそ2千万年前に、「人類創成プロジェクト・チームとして七神」が選抜された。その内の二神は、天之御柱神と吾屋惶根の神であった。この時の「天之御柱神」とは、宇宙の中心にいた天之御柱神と、地球で動物を作っていた頃の(地球担当)天之御柱神との二神という意味である。

人類は、地球がある天之川系銀河とははるかに遠い別の銀河系で次々に生まれ、地球を含む天之川系銀河では人類は創られていない。しからば今の地球人の祖は誰かと問われれば、地球外生命体（ET）である。

3月4日、天之御柱神が宇宙の中心に向かう日の直前にもう一つ、私にとって極めて重大な話を神が話しだした。

「くによしの魂は天之御柱神である」と。私は何のことだかわからなくて、しばらくボ～ッとしていた。やがて気を取りなおして、

「私の魂はしなつひこの神の分け御魂という意味でしょうか。あるいは兄弟という間柄になるんでしょうか」と神に尋ねた。

「うん、くによしの魂は宇宙の中心にいた方の天之御柱神である。今生、地球に来る前は天之御中零雷神といっしょにいた」と神。私はまた、しばらくの間、声を出せないでいた。

2013年5月に天之御中零雷神が我が家に来た時、私の魂の親神が天之御中零雷神であることは教えられたのだが、私の魂に神名があることまでは教えられていなかった。しなつひこの神様たちと私の魂とがいっしょになると、それが「総体としての元の天之御柱神」ということになる。それは39億9千万年前の天之御柱神のことである。

「しなつひこの神様たちは、私が生まれた時、私のことを知っていたのですか」と私は

神様に尋ねた。すると神は、

「知っていた」と答えた。

「すると、私の親神はどうして私の守護を大国主命様に頼んだのですか？」と私。

「うん、ワシらの親神が大国主命に頼んでいったことなのでネ〜」と神。それ以上の答えはなかった。

「しなつひこの神様たちは、生まれた後の私の人生も知っていたのですか？」と私。

「うん、くによしは建築の設計に大変興味を持っていて、ヒーリングには興味を示さなかった。それでくによしの人生の守護神は大国主命に任せていた。ところが2008年の初頭にバーバラの本を読み初めたので、ワシらはくによしに興味を持った」と神。

神はまた「ふっ」とどこかに消えた。

神界における最高のヒーラーたるしなつひこの神が消え、これから人間のヒーリングはどうなるのかと思っていると、それまでしなつひこの神に頼っていた神々が、臼井先生に頼み事を始めた。しかし、臼井先生はこれまで通り、ヒーリングを請けおうことはなかった。ヒーリングを頼みに来た神に、ヒーリングを教え始めたのである。

臼井先生は、神界における「神々のティーチャー」となった。その臼井先生に教えられた神々の中には、御自身の御魂《みたま》分けの人間を自らヒーリングする神も現れてきた。御自身の手に負えない重症患者さんの場合のみ、臼井先生に応援を頼むようになっていた。

しかし、相変わらず人間のヒーリングが苦手な神々もいた。そうした神々は自分の霊界にヒーラーとしての人材を求めたが、それもなかなか見つかりそうにはなかった。神は生まれた時から「神としての独自の仕事」を持っているので、「神界のヒーラー」としては不向きなのかもしれない。

それでも、いざな実の神のように、しなつひこの神に付いてヒーリングを勉強し、神界のヒーラーとして機能している神も現に存在しているのである。従って、今後、ヒーラーとなり得る神々も出てくるはずと思える。

「人間、死ねば大国主命の霊界で、徹底的に魂の浄化が行われるので、生きている内のヒーリングは必要ない」とドンと構えている神様もいらっしゃる。

ところが、大国主命様は、

「人間、生きている内にヒーリングを受け、意識の浄化が行われていると、ワシらのその後の仕事が助かる」とおっしゃっている。

## 二ノ三　神界のヒーラーたち

天の御柱神がどこかに消えて数日後、４月の初め、出雲から私に連絡が入った。

「ヒーラー志願者が見つかった」と言う。この場合、生きている人間のことではなく、魂だけになっている存在のことである。私は、その方がどんな方なのか興味を持った。

「針師で江戸出身」と言っているように私には聞こえた。江戸時代に今でいう東京、すなわち江戸で東洋医学の鍼灸師をしておられた方に違いない。

「まだ輪廻転生中ですか？」と私。

「輪廻転生は終わっている」と神。つまり、この方はすでに神界に入っている存在である。大国主命によると、この方は、亡くなって魂だけになっている人のオーラの修正や想念の修正が、大変上手なのだと言う。

「生きている人間のヒーリングも上手ですか」と私が質問すると、

「ワシの御魂分けの人間を何人かヒーリングさせてみよう」と神。その後、しばらくして、再び出雲から連絡が入った。

「例のヒーラー志願者のことだが、霊界の人たちのヒーリングを専門にすることになった」と神。魂だけになっている人々がオーラに傷があったり、歪んでいたりしている場合、これをそのままにしておくと次に人として生まれる時、先天性重度障害者となってくる。魂のオーラ・ヒーリングが極めて重大なのである。

もちろん、生きている内に、それも小児の内に、オーラ修正をすれば先天性重度障害者をヒーラーは治すことができるのであるが、その両親が、人間のヒーラーがこの世に生きていることを知らない。また、ヒーリング自体に無知である。仮に人間のヒーラーがいることを知っても、ヒーリングのことを信用しない。

かくて、先天性重度身体障害者の御両親からヒーリングの依頼があったのは、私の過去で1度しかなかった。その方は、名古屋駅周辺で花屋をしている方の娘さんだった。出雲のヒーラーに期待がかかる。

人のオーラの中には、人体設計図がある。その設計図にミスがあると、その部分が発達せずに人として生まれてくる。発達障害のことである。その設計図も出雲のヒーラーが発見し、正常に作ることができれば、その人は次に人として生まれてくる時に正常な人となれる。

大国主命様はその霊界において、「人の浄化」という点では、極めて重要な助っ人を得たのである。その方の名を、私は「ドクター・江戸」と呼ぶことにした。

この年の夏、ドクター・江戸が1日に何人位の人をヒーリングしているかを大国主命様にお尋ねすると、

「数十人」という答えだった。1年で数千人ということになる。それほど人間は生きている内に自らの魂を汚《けが》しているということだ。


この年の秋も深まっていた頃、静岡から電話が入った。

「先生の本によくシルバー・バーチのことが書かれているので全集を買いました。その本の中にヒーリングのことが書かれていて、実際のヒーラーがイギリスにいたことがあったようです。そのヒーラーはハリー・エドワードという方で、その方が書いた本も見つかりました。図書刊行会から翻訳本が出版されていて、本の題名は『霊的治療の解明』です。先生はこの本、お読みになってますか?」と言う。

「その本のことは知りません。読んでいません。近藤千雄さんの本ですか」と私。

この後、霊的治療の解明という本の内容について、かおるが要約してくれた。かおるの話を聞いている内にその本に興味を持った。そこで近くの本屋に行って、これを注文

した。

静岡と私との電話の中に登場している近藤千雄氏は、翻訳家で東京の南荻窪に住んでおられた。シルバー・バーチに関する本ばかり翻訳しておられる方である。初対面は世田谷にあった故関英男博士の加速学園であった。

当時、関英男博士は加速学園で『洗心』の話を講義しておられた。近藤氏はその聴講生として加速学園に「ほんの時々」来ておられた。近藤氏はロンドンにいることが多く、そこでシルバー・バーチに関する資料を集めていたのである。

注文した本は、数日後に手元に届いた。336頁に及ぶ大著であった。訳者は梅原伸太郎という哲学博士で、日本心霊科学協会の大幹部であった。関英雄博士は、日本サイ科学会の創建者であったが、その前は日本心霊科学協会のメンバーであった。しかし、梅原氏と私とは一度もお会いしたことがなかった。この本を買うまで、梅原氏のことを知らなかった。

『霊的治療の解明』を読み出して、ハリー・エドワードのヒーリングの手法を知った。その手法は、私がブレナン著『光の手　上下』を読む前に行っていたヒーリングとよく似ていた。

読み進める内に、ハリー・エドワードの親神を知りたくなった。そこで出雲に連絡すると、答えはただちに返ってきた。

「しなつひこの神、ただし今は天之御柱神の一属」と。私の質問はさらに続いた。

「針師の江戸さんとはハリー・エドワードのことか」と。

「その通りだ」と神。

「やっと話が通じたか」と、大国主命様があきれているように思えた。針師の江戸さんは霊人たちのオーラ・ヒーリングがうまいはずである。しなつひこの神の分神にして生前はヒーラーだったからである。そのしなつひこの神が天之御柱神として伊勢を離れるにあたり、故ハリー・エドワードの魂を出雲に配置転換し、大国主命様の霊界の仕事を強化したのだと知った。

そのハリー・エドワードは1893年（明治26年）ロンドンに生まれ、1976年（昭和51年）に亡くなっている。著者『霊的治療の解明』の表紙折り返しの部分には以下のように書かれている。

『著者はキリスト以来最大の霊的治療家といわれる。―中略― １９３６年（昭和11年）頃からスピリチュアリズムに興味を持ち、たちまち霊的治療能力を発揮、サリー州シェアに広大な治療院を設け、難病奇病の人々を含む世界各地からの治療依頼者を治癒させ、その奇跡的な治療能力は、英王室や英国国教会、そして多くの医師たちからも認められた。長く英国霊的治療家連盟の会長を務めた。―後略―」

本著は１９６０年（昭和35年）に出版され、日本語版は１９８４年（昭和59年）に初版が発行されている。その「著者まえがき」の注には以下のように書かれている。

１９７７年（昭和52年）、総合医療評議会（英国）は、医師が自分の必要だと考える医学的処置に責任を持ち続けるという条件で、英国霊的治療家連盟の会員である治療家（ヒーラーのこと）の援助を求めることを勧めたり、同意したりしても良いとの声明を発表した。（※括弧内は私の注記）

昭和52年といえば、私は膨大な住宅の設計に携わっていて、ろくろく家にも帰れなかった頃だった。こんなニュースを聞いたとしても、何のことかわからなかったであろう。

それにしても、今から42年も前にイギリスでは医師とヒーラーが共同で患者さんを治すということが行われていた。今では、ヨーロッパ各国で同様のことが行われている。

ところが我が国では、医師たちは（ほんの数人を除いて）ヒーリングのことを知らないし、知ろうともしない。異口同音に医師たちがいうには、

「自分たちは、医学を勉強し始めた時から、インターンの時期を通じ、医師として独立した後も、ヒーリングなど聞いたことは一度もなかったし、第一、教えてくれる人もいなかったのである」（※括弧の中で、ほんの数人を除いてと書いた医師は、私の昔からの読者である）

この点、日本の医学会はイギリス・ヨーロッパに42年以上遅れている学会なのである。「日本の医学会が、ヒーラーと共同で治療の現場にあたる日はくるだろうか」と神様に聞いたら、数十年先との答えであった。私の死んだ後のさらに十年以上先の話のようだ。絶望的である。

ブレナン博士が、BBSHの日本校（BBSHJという）を立ち上げようと努力していたが、2010年に日本校を断念し、日本にいたスタッフをフロリダに戻した。博士は1995年2月に初来日、その後、2010年まで毎年日本に来てヒーリングの講演会を行いその普及に勤めてきたが、日本の医師たちは誰もそのことに気が付かなかったようだ。

話を、ハリー・エドワードの著書に戻す。その236頁に、「氏の元へ平均千通を超える新しい治療申し込みが毎週くる」と書かれている。氏はその大部分に対応したというのである。昼となく、夜となく。私の体験ではこれほど多くの患者さんのヒーリングを私一人ですることはできない。

しかし、かつてあった「しなつひこヒーリング・チーム」のような存在たちがいれば、これは可能である。臼井先生は1925年（大正14年）に亡くなった後、ヨーロッパでヒーリングをしていた。その時、5～6人のヒーラーと「ヨーロッパ・ヒーリング・チーム」を構成していた。その仲間にはドクター・パレもいた。そうした神界のヒーラーたちがハリー・エドワードと共にヒーリングをしていたとすれば、「毎週千人のヒーリング申し込み」に対応できたはずである。

その師匠は、しなつひこの神である。しなつひこの神が自身の分身たるハリー・エドワードを「人間側のヒーラー」として使い、かつ神界のヒーラーたち（臼井先生たち）を駆使してヒーリングを行っていたとすれば、その話は可能である。

第2次世界大戦中、しなつひこの神は伊勢を留守にして、イギリスやヨーロッパ各国でヒーリングをしていた。「神風特攻隊」の戦術に反対していたばかりではなく、「大戦」

そのものを嫌っていたのだと考えられる。

文章中のドクター・パレは、スペインの外科医で16世紀にフランス王国と関わりがあった名医である。御魂はしなつひこの神。フランスがアンリ二世の統治下にあった時、馬上の槍試合中、相手の槍がアンリ二世の頭部に当たってしまった。その時、外科手術をしたのがドクター・パレであった。ドクター・パレはノストラダムスの大親友で、2010年にノストラダムスが日本に呼びよせ、いっしょにヒーリングをしていた。

その頃、私がヒーリングを請け負った時に、よく神界のヒーラーとして私に付き合ってくれていた。今現在は天之御柱神の指揮下にあって、ヨーロッパ全体の政治情勢を見守っている。

一方、ノストラダムスは天之御柱神の神界に入った。

| 年 | 臼井甕男（タオさんの分魂） | ハリー・エドワード（しなつひこの神の分魂） | バーバラ・アン・ブレナン（しなつひこの神の魂） | 池田邦吉（天之御柱神） |
|---|---|---|---|---|
| 1885年（明治元年） | 生誕 | | | |
| 1893年 | | 英国にて生誕 | | |
| 1912年 | | | | |
| 1923年 | 関東大震災 | | | |
| 1925年 | 没（60歳） | | | |
| 1935年 | ヨーロッパにて神界のヒーラーとして活躍 | ヒーラーに転ず | | |
| 1939年 | | | | |
| 1945年 第二次世界大戦終了 | | | | |
| 1947年 | | 治療院開設 | | 品川にて生誕 |
| 1954年 | | 英国治療室連盟会長 | | |
| 1960年 | | | | |
| 1969年 | | | WTI 卒業 NASA 勤務 | 東工大建築学科卒 |
| 1970年 | | | | |
| 1976年 | | 没（83歳） | ヒーラーに転ず | |
| 1980年 | | 出雲にて浄化 | | 建築家 |
| 1987年 | | | 「光の手」出版 | |
| 1992年 | | 転生を終える頃 伊勢に戻る | | |
| 1995年 | | | 日本初講演 | |
| 1997年 | | | | 作家に転ず ノストラダムス研究 |
| 1999年 | | | | |
| 2008年 | | | | ヒーラーに転ず |
| 2011年 | | | (9/9) 没（72歳） | B・Bに出会う |
| 2014年 | 伊勢に戻る | | | |
| 2018年 | 別宮の祭神となる しなつひこの神の代理 | Dr. 出雲 | 天之御柱神に合流（3/31） | |

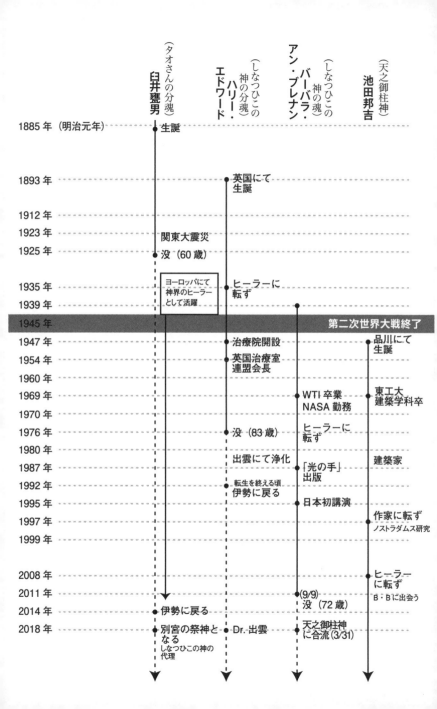

## 二ノ四　天照皇大御神《あまてらすめおおみかみ》の提案

しなつひこの神が伊勢を去って5ヶ月ほどが経っていた、9月17日（月）の午後、天照皇大御神から連絡が入った。

「道臣命《みちおみみこと》をもう一度世に出して、神界のヒーラーになってもらおうと天之児屋根命《あめのこやねのみこと》に頼んでみた。くによしはどう思うか」と言う。

「すばらしいお考えですね。道臣命は、きっとすばらしいヒーラーになれると思います。荒深道斎先生（道臣命の分神）の御著書の中に荒深先生がヒーリングをしている場面が多く書かれています。ヒーリングのセンスは抜群でしたね〜。荒深先生の親神たる道臣命も、ヒーラーとしての素質は充分お持ちのはずです」と私は答えた。

右文中の天之児屋根命は天照皇大御神の分神で、天孫降臨《てんそんこうりん》時の護衛役として地上に降りてきた神である。関東では、茨城県の鹿島神宮の祭神で、関西では春日大社の祭神でもある。

道臣命は、その天之児屋根命の分神で、神武天皇の親がわりを勤めた要職にあった人である。

この話は、『神武太平記』という本に書かれている。この本を書いた人が荒深道斎先生（1871年生まれ、1949年没）である。荒深道斎先生は古神道の大家で非常に多くの文献を残している。1949年（昭和24年）に亡くなった後、しばらくの間、奈良の春日大社で神業をしていたが、やがて輪廻転生を止めた。その時、道臣命に吸収された。つまり現在は、荒深先生の魂は「個」としては存在しておらず、道臣命の一部になっているのである。

その道臣命はその後、天之児屋根命の神界へ入っていた。道臣命自身が天之児屋根命の中に入っていたので、天照皇大御神としては、「天之児屋根命に頼んで、道臣命をもう一度、その外に出してもらおう」ということになるのである。

しなつひこの神がいなくなって神界に大きな変化が起こっているのがわかってきた。従来、天照皇大御神とその分神たちの神の御魂分けの人々は、神倭姫命が神界のヒーラーとしてその任にあたっていた。

伊勢神宮の創建時、神倭姫命の霊力に大変感心したしなつひこの神が倭姫にヒーリングの霊力を与えた。すると、倭姫が患者さんに触っただけで、病気が治っていった。この情景はイギリスのハリー・エドワードと大変よく似ている。

神倭姫命は宗像《むなかた》大社の祭神「たぎり姫」の分神である。たぎり姫神は天照皇大御神の長女にあたる。従って、神倭姫命は天照皇大御神から見ると「孫娘」にあたる。その孫娘が、伊勢神宮の神々の神事に大きな関わりを持っている。同時に神界のヒーラーでもある。

臼井先生は、伊勢別宮で神事を行っていたが、しなつひこの神が行っていたヒーリングの仕事も全部引き受けてしまっているので、大変忙しくなっていった（と思える）。その状態は倭姫も同様であったに違いない。

宗像のたぎり姫神には、もう一人分神がいる。神功皇后《じんぐうこうごう》である。神功皇后は第15代応神天皇の母で、母子共に全国の八幡社の祭神になっている。その神功皇后が倭姫に付いて本格的にヒーリングの勉強を開始していた。倭姫もその妹、神功皇后も神社に祀られているので昼間はどうしても、その神社で神事を行わないとならないため、人間のヒーリングは夜だけということになり、それは、限られた人だけをヒーリングするということになる。

見かねた天照皇大御神が、「神社の仕事をせず、ヒーリングだけに専念することができる人材」のことを考えたことは当然のなりゆきであったに違いない。考えたあげく、道臣命を呼び出そうということである。

その道臣命が9月17日の午後3時半頃、お一人で我が家にやってきた。私は、あわてて神棚に置いてある本や書類をかたづけ、中央にコップ一杯の水をお供えした。

「ヒーラーになるために、ヒーリングの基本を少し勉強してきた」と命様が言う。

「先生はどなたで？」と私。

「倭姫に教わってきた」と命様。ブレナン著『光の手　上下』を書棚から引き出して神棚へ置いた。命様が1頁、1頁を真剣に読んでいるのが感じられた。言葉が私の頭の中に聞こえてこない。

夕方になって冷蔵庫の中から適当な食材を取り出し、「お供え」をビールといっしょに神棚に置いた。急なできごとなので、予めの用意はしていなかった。読書を妨げないように、私から話しかけることはしなかった。命様はその夜、「ふっ」とどこかに消えた。

それから2～3日経って、天之児屋根命様から連絡が入った。

「患者さんがいるので、道臣命といっしょにヒーリングしてほしい」という。私のヒーリング手法を道臣命に見せるということであった。私の魂が行う「ナイト・サイエンス」のことである。こういうときには、私はさっさと眠る。

天之児屋根命様からの呼び出しはその後数回あったものの、道臣命のヒーリング能力は大変すばらしく、1日で数人のヒーリングを行うようになっていった。天照一族の専属ヒーラーが誕生した。それに伴い、神倭姫のヒーリングの仕事も大変緩和されていった。天照皇大御神のねらいは見事に適中した。

右文章中、9月17日の午後に道臣命がお一人で我が家を訪問できたことに関して、それ以前は天之児屋根命様の神界にいて、命様といっしょに、非常にたびたび我が家を訪れていたので、道臣命は私のことをよく知っていたのである。荒深道斎著『神武太平記』他、古神道に関しての荒深先生の膨大な著書を私がよく読んでいることに感心しておられた。

また、「専属ヒーラー」とは神社での神業は行わず、ヒーリングを専門とする神界のヒーラーのことである。道臣命については「天照系一族全体の専属ヒーラー」ということで、他の神々の領域にはふみ込まない。

これほどの短時間で、「神界の専属ヒーラー」になった方は過去に（私の記憶としては）二人しかいない。一人はノストラダムス、もう一人は第14代仲哀《ちゅうあい》天皇（私の妻である由美の父親）である。

仲哀天皇の妃《きさき》が、先に述べた神功皇后である。仲哀天皇の御魂の親神は、奈良にある川上神社の祭神たる「みつはの女神」である。そのみつはの女神様も、人間のヒーリングが非常にうまい。ところが、みつはの女神様は、由美の父親についてはしなつひこの神を師匠とした。本人がそのように望んだからである。本稿執筆中、仲哀天皇は天之御柱神と共にいて、日本人だけでなく、世界中の必要とされる人々のヒーリングを行っている。つまり、天之御柱神の神界における「専属ヒーラー」となっている。

例えば2019年7月13日（土）に、私が朝刊を読んでいた時である。その記事はドイツのメルケル首相の健康問題を報じる文と写真で書かれていた。それは立っているときに、公の場で体が震えることである。これは、自律神経失調症で、「この程度の症状を治せる神界のヒーラーがヨーロッパにはいないのだろうか」と私は思った。すると、誰かが部屋に入ってきたように感じた。聞くと、国之床立地神だった。

「くによし、ドイツにいっしょに行ってくれないか」と言う。ドイツと日本との時差は8時間である。ヒーリングは、ドイツが真夜中のときに限られるが、その時、日本は午前中のこととなる。私は専業主夫として、午前中は家事炊事に携わらないとならない。

そのことを神様に言うと、国之床立地神は我が家から伊勢に飛んだ。そこで、臼井先生にメルケル首相のヒーリングを頼んだ。ところが、臼井先生はしなつひこの神の代理として伊勢の仕事をしなくてはならない。そこで、臼井先生は仲哀天皇を呼んだ。

国之床立地神は仲哀天皇にドイツ行きを頼んだ。そして、いっしょにドイツへと飛んだ。ドイツの現地時間では、7月13日の午前0時頃である。仮に仲哀天皇が、その魂の出身地たる「みつはの女神」の川上神社にお勤め中ならば、国之床立地神にドイツでのヒーリングを頼まれてもお断りせざるを得なかったであろう。天之御柱神といっしょにいて、「神界の専属ヒーラー」になっているが由に、午前中でもドイツに飛んで行けたのである。

話を2018年の秋に戻す。10月22日に由美が近くの本屋で1冊の本を買ってきた。本の題名は、『シルバー・バーチ　今日のことば』で、出版社は「ハート出版」であった。訳者は近藤千雄先生である。近藤千雄先生が翻訳した『シルバー・バーチの霊訓（潮文社）』他、シルバー・バーチに関する本は大部分読んでいたが、この『今日のことば』という本が出版されていたことを私は知らないでいた。

この本の巻頭言に、シルバー・バーチの言葉が書かれている。

「もしも、人生とは一つの冒険であることを、魂は常に新しき視野、新しき道を求めてやまぬものであることをご存知ならば、ぜひお読みいただいて、必須の霊的真理を本書の中に見出していただきたい」と。

本文は、字が大きくて大変読み易い。1頁、1頁をしっかり読み進み、最後の頁に目が行った。この本は2008年に初版発行され、由美が買ってきた本はその「新装版」となっていた。さらに近藤千雄先生は、2012年にお亡くなりになっていたことが書かれている。私はそのことを知らずにいた。呆然としていると誰か部屋に入ってきたように思えた。近藤先生だった。

「この数年は伊勢のしなつひこの神の霊界にいたのでしょうか？」という私の質問に、

「今は伊勢を出て、出雲で教師をしている」と言う。

「え！　教師？」と私。

「うん、霊界にいる人たちに、人として生きる心がまえを教えている。教科書は今、池田君が読んでいる私の本を元に神々から意見を聞いて特別に作った」と近藤先生が言う。

出雲の霊界には小学校から大学、さらに上の研究所まである。人として生きている間に学校に行けなかった人々のための施設である。研究所は、「学者になりたかったのだが、家庭の事情で働きに出た」人々のためにある。これらも魂の浄化のための過程の一つである。そこで近藤先生に、

「大学課程の教授でしょうか」と聞いてみた。すると、

「もっと上のクラス」と言う。人として生きるということはどういうことか、何のために人間を体験しているのかという大変根本的な問題を教えているに違いないと私は思った。

「それで近藤先生は、まだ輪廻転生の途中ですか」と私の質問。

「輪廻転生を終え、神界に入った」と言う。近藤先生は、すでに神様となっていた。亡くなってから4～5年後に神様となっていたのである。その早さにびっくり仰天した。

通常、人が亡くなって出雲の霊界に入ると、数十年の浄化期間が必要である。その後、親神の元へ引き取られるものであるが、近藤先生は数ヶ月で出雲を出て伊勢に入っている。

その時、伊勢には「しなつひこヒーリング・チーム」が20数名いた。近藤先生もその

ヒーリング・チームの活躍を見たに違いない。

「近藤先生は、臼井先生たちが行っているヒーリングについてどう思われますか？」と私は質問してみた。すると、近藤先生は少々、「むっ」とした感情を込めて、

「誰でも彼でもヒーリングすればいいとは思えないよ」と言う。同感である。病気はその人の普段の生活習慣によって発症する場合がある。そんなときには、その病気が発症する原因を考え、その人生を反省すると「病気は自然に治る」ことがある。私は、ヒーリングを頼まれても断ることがある。それは、生活習慣の間違いによる発病の場合等である。

近藤先生の一言で、私は少々安心できた。しなつひこの神の分神の中で、ヒーリングに関してこのような発言を聞いたことがなかった。

「誰でも彼でもヒーリングすればいいとは限らない」という話を私にしてくれたのは、天照皇大御神の弟君、すさのおの神であったが、同様の発言を近藤先生からも聞くことができた。

ヒーラーになりたいと思う人の中に、小児の症状を見て、「かわいそうなのでヒーリングしてあげたい」という動機を持つ人がいる。その子には本当にヒーリングが必要なの

かどうかをよく検討すべきである。

子は様々な環境に出会って成長していくものであって、その中で病気を持つ子もいる。大きな怪我をする子もいる。それらに打ち勝って大人になるものなのである。私には、現在、孫が7人いる。単身、九州に来てから私の子たちが結婚していったので、その孫たちをまだ見たこともないのであるが。

ところで、シルバー・バーチの魂は、天照皇大御神の分神である。現在は、伊勢神宮で神としてお勤め中である。シルバー・バーチはアメリカのネイティブ・インディアンの出身である。亡くなって魂だけになった時、親神のお膝元に帰り、輪廻転生を止めたい希望を親神に申し出た。

この時、人間としての経歴が少なかったシルバー・バーチに対し、天照皇大御神は熟考の上、一つの提案を行った。それは、「イギリスに行って人間界に人と神との関係、魂のこと、人の精神の浄化等について教える」プロジェクトのことである。これがうまくいったら、シルバー・バーチを神界に戻すというのが条件であった。

天照皇大御神が、どうしてイギリスという国を選んだのだろうか。私見だが、イギリスは他のヨーロッパ各国に比べてローマカトリック教会の力が及んでおらず、神と人との関係や魂のことなどを説くのに都合がよかったからではないかと思える。

親神の提案でイギリスに行ったシルバー・バーチは、自分の魂を二つに割った。一方は霊界に身を置き、一方は地上で人間となった。

その人間とは、心霊ジャーナリストで霊媒でもあるモーリス・バーバネル氏である。二人の行動によって、「シルバー・バーチの霊訓」他、膨大な著書が生まれていった。イギリス国民の精神界に及ぼした影響は、現代でも生き続けている。

それらの著書をかたっぱしから邦訳したのが、近藤千雄先生であった。近藤先生の御魂はしなつひこの神で、伊勢で同居している神でもある。天照皇大御神の提案に、その重要な部分で、大きな力を及ぼしたのがしなつひこの神（今は天之御柱神）であった。イギリスのハリー・エドワードを作ったのも、しなつひこの神であった。

# 第三章　ヒーリングとは

## 三ノ一　難病とは

難病医療法に基づき、医療費助成の対象となる「指定難病」を検討する厚生労働省の検討委員会は、２０１５年１月19日、新たに１９６疾患を選定することを正式に了承した。指定難病への助成をめぐっては、すでに１１０疾患（約１２０万人）に対し、この年の１月から先行実施されており、19日が第２次実施分となる。新たな対象者は約30万人となる見込み。その対象は、筋ジストロフィー、人工血管などを使って大静脈を肺動脈につなぐ手術を必要としている患者さん、あるいは老化に似た症状が若い年代（幼小児）で起きる早老症など。

この話は２０１５年３月20日付産経新聞の記事であるが、ここでの難病とは医師が治せない病気という意味で、全国に１５０万以上の患者さんが存在しているということになる。この記事には続いて指定難病の病名が延々と書かれているが、大変むずかしい病名なのでここでは書かないことにする。

私の感覚では、指定難病にされていない難病を抱えている患者さんたちが大変たくさんいて、右の１５０万人にさらに１５０万人を足し算しなくてはならないと思える。つまり300万人以上の人が医者では治せない病気を持っていると思える。

これらの難病の多くは、チャクラ・ヒーリング、オーラ・ヒーリング、波動修正等のヒーリング技術で治すことができる。

チャクラは、肉体を構成している各部位を健康に保つ機能を持っている。チャクラが正常な形になっていないと、そのチャクラが司っている臓器等が病気になる。病気のためにチャクラが壊れたのではない。そのため病気になっている臓器を薬や手術によって治そうとしても病気が治らない場合がある。それは、チャクラを治していないからである。逆に、壊れたチャクラを正常な形に治すと、病気が自然に治っていくケースが非常に多くある。

例えば、胃癌の人は第3チャクラが壊れているケースが多い。第3チャクラは「みぞおち」の所にあって消化器官を司っている。従って、第3チャクラを修繕すると、胃癌は自然に消えていく。手術によって胃を切除する必要はまったくない。胃の病気だけでなく、消化器官の病気は全て第3チャクラの修繕によって治すことができる。

女性特有の子宮故障は、第2チャクラを修繕することにより元の健康状態に戻る。手術の必要はまったくない。

チャクラは、朝顔の花のような形の「物質」によってできているのではなく、エーテル体という光のエネルギーによる線材によって作られている。例えれば、茶筅《ちゃせん》のようであるが、茶筅の先端部のカーブを取り去るとチャクラの形になる。チャクラの外側の線材の内側には、さらにいくつかの渦巻き形のスプリング状の線材がある。ヨガを勉強している人々は、チャクラが描かれている人物像を見ており、それらの絵に描かれているチャクラは円形の花びらのようになっているが、面的ではなく、線の集まりが実際の形である。つまり、チャクラを絵にする場合は、細かな線描でなくてはならない。

第1チャクラは、両足の付け根の所に下向きにある。第7チャクラは頭頂部にあって、「クラウンチャクラ」と呼ばれる。第7チャクラは、天を向いている。第1チャクラと第7チャクラの間に、第2チャクラから第6チャクラがあり、腹側と背中側とで一対の形になっている。

腹側のチャクラは、A系列と定義する。ヨガの方々が見えているチャクラの絵は、正面のA系列を示しているが、背中側にも同様のチャクラB系列があることを知らない方々が多い。

私はかつて、ブレナン博士がチャクラを修繕している現場を見た。それは、2008年3月に東京で博士が講演会をした日のことであった。博士は左手でチャクラを握り、右手人差し指をくるくる回しながら、渦巻きを元の正常な形に治していった。

患者さんは、かなり前に自動車事故に遭っており、その時のショックで第6チャクラ（額にある）が壊れていた。その患者さんは講演会場の最前列で私の隣に座っていた。ずっと後になって、この時チャクラの修繕をしたのはブレナン博士の肉体の中に入った彼女の親神、ヘヨアンことしなつひこの神であったことが判明した。彼女の親神がブレナン博士の肉体を借りるときは、ブレナン博士の魂はその肉体から離れて空中にあった。そのできごとを、ブレナン博士はまったく覚えていなかった。

「私、その会場に行ったことは覚えているのですが、誰かのチャクラを修繕したことは覚えていません」と博士は後に私に言った。しかし、その行動の一部始終は彼女の専属カメラマンのフィルムに写っている。

英語の Alternative Consciousnes（オルタネイティブ　コンシャスネス）は、憑依現象と訳すべきである。これを「変性意識状態」と翻訳してしまうとその本全体が理解不能となる。

第1チャクラは、尾骶骨《びていこつ》直下にあって赤色。副腎、脊柱、腎臓（生命エネルギーの根）を司っている。

第2チャクラは、おへその数センチ下にありオレンジ色。性腺や生殖器を司っている。子ができない人は第2チャクラが異常になっているので、これを修繕すると子宝にめぐまれるようになる。

第3チャクラは、別名を太陽神経叢《そう》ともいい、みぞおちにある。色は黄色。膵臓、胃、肝臓、胆のう、それらの神経系を司っている。

第4チャクラは、別名をハートチャクラという。色は緑色である。胸の中心にある。胸腺、心臓、血液を管理している。このチャクラは人類愛を導く働きを持っており、精神障害者の多くは第4チャクラが壊れている。

第5チャクラは喉の下にあり、青色である。甲状腺、気管支、発声器官、肺、消化管を司っている。高次の存在たちの声は、第5チャクラを通じてくる。また、第5チャクラは人間社会との関係を司っており、社会的な適応障害の人は第5チャクラが傷ついている。

第6チャクラは、別名、第3の目と呼ばれ、深い藍色でみけんの中心にある。脳下垂体、脳下部、左目、耳、鼻、神経系（右脳、下脳、前頭葉等）を司っている。

第7チャクラは、別名をクラウン・チャクラともいい、頭頂にあって色は真白。松果体、脳の上部、右目を司っている。右目と左目のヒーリングでは、ヒーラーは、それぞれ違うチャクラヒーリングになることを覚えておくべきである。右目はクラウン・チャクラ、左目は第6チャクラからのヒーリングなのである。幼少時に鉄棒などで頭頂から地面に落ちて頭に重大な怪我を負った人は、ずっと後になって右目の視力を失う事態が起きることがある。

真白な第7チャクラは、まるで王冠のように見える。人は誰でも、すばらしく美しい王冠をかぶっているのである。各チャクラの色は下から赤、オレンジ、黄、緑、青、藍色、白と7色になっており、それは虹色の組み合わせである。虹色は光を分解すると現れる色素である。

チャクラを治さないと、病気が治らない理由は右に記した通りである。各チャクラは人間の肉体や神経を健康に維持するための機能を持っているため、肉体がその役目を終えると自動的に消える。つまり、肉体から離れた魂にはチャクラはない。魂は神の分身で神と同様に意識体なのだが、まだ人間の形を維持したままの存在であって、目、鼻、口、手足もエーテル体として残っており、感覚もある。

赤子のチャクラは、生まれたばかりの頃は花の蕾のような形になっている。赤子はよく泣いたり、手足をばたつかせたりするものであるが、それはチャクラを開くための準備運動でもある。それだけではないが、それは赤子が健全である証拠なので母親たる者、自分の子の泣き声に神経質にならないようにすべきである。自分の子が元気良く泣いているのは母にとって喜ばしいことである。チャクラの発達は12~13才頃まで続く。その子によってその発達には個性がある。早い子では小学校の3年生頃に完成する子もいる一方で、6年生頃までゆっくりと完成する子もいる。

親として、子の発達にあまり神経質過ぎるのはいかがなものかと思う。兄弟が数人いれば、それぞれの発達過程は全員違うのである。同じような成長ぶりを示さない。

## 三ノ二　オーラ・ヒーリング

人間は、その肉体から光を放っている。物質や植物、動物はそれぞれに固有の光を発している。それをオーラという。人のオーラは虹色の7色で構成されており、7層から成っている。人のオーラは、その境界線がはっきりしている第1層、第3層、第5層、第7層とその中間にあって、「もやもやとした雲」のような層である第2層、第4層、第6層とによって構成されている。

第1層のオーラは、別名エーテル体と呼ばれ、肉体の中心から発し、体表面から3センチないし5センチほどの空間に広がっている。この層は灰色に少し青みがかった色で、見ようによっては銀色のようだ。エーテル体の場は「生命の場」で、原子、分子、細胞、器官を管理し、肉体を生み出している。

ヒーラーの手が患者さんの体表面から3センチないし5センチほどに接近すると、患部がどのようになっているかを感じることができて、ヒーリングパワーを必要な分、注ぐことになる。しかもそれは、患者さんが着ている服の上で起きる。つまり、人間側のヒーラーは服にも触らず、その患者さんの患部をヒーリングすることができる。これを「手翳しのヒーリング」といっている。

第1層のヒーリングのとき、時々、人間のヒーラーの手が下に引っ張られるような感じを受ける。これは、そのヒーラーの魂、あるいは神界のヒーラーが「手を患部により近づけろ」と指示していることによる。そこで、手を服に触わる所まで下げる。これを「手当《てあ》て」の手法という。患者さんの臓器等が非常に重症の場合では、この手当の手法をよく使うことになる。

第3層はメンタル体で、すなわち精神体である。それは、体表面から20センチほどの空間に広がっている。色は黄色である。メンタル体の場は精神（心）を生み出していて、エーテル体の場と共存している。メンタル体の場をヒーリングする場合、ヒーラーの手は常に体表面から20センチほどの空間にあって、足の裏から頭頂までメンタル体の場全体をなでるようにヒーリングしていく。

幼児の頃に何らかの外傷を負った人が、高齢になってから原因不明の痛みに悩まされることがある。こんな場合、当人が忘れている古傷が原因である場合がある。オーラの第3層が傷ついたまま大人になり、右のような痛みが発生している場合、オーラの第3層を正常な形にできると体中の痛みが消える。こんな場合は、薬は無用である。そればかりか、薬の副作用で腎臓まで悪くしてしまう。

第2層は、エモーショナル体（＝感情体）と呼ばれ、はっきりした境界がある第1層と第3層の間に広がっている。感情に問題がある人は、右脳の神経が正常になっていないので、そこを修繕する必要がある。

第4層は、アストラル体と呼ばれ、第3層と第5層の間に広がっている。アストラル体は、その人の今生における人生を記録している場である。記憶は、脳の細胞に蓄えられているのではなく、オーラの第4層に折り畳まれているのである。また、前世や前々生の記録もここにある。従って、前世療法はこのアストラル体のヒーリングとなる。ヒーラーは、体表面から45センチほど離れた所に手を翳す。

第5層は、エーテル・テンプレート体と呼ばれ、第1層のエーテル体の鋳型である。これは、「人体の設計図」で体表面から45センチ、ないし60センチほどの空間に広がっており、コバルト・ブルーの線描によって書かれている。しかも立体的な設計図である。人間側のヒーラーは、この第5層のヒーリングはできない。人間側のヒーラーの魂は、人体設計図の見方を神に教わることになる。その時期は、人によって異なる。ヒーラー志願者のヒーリングについての勉強や実践を神が見ていて、「この人をヒーラーにしよう」と神が認めた場合に限り、教えられる。

人体の設計図に不備がある場合、設計図の修正は「人類を創造した七神」が行う。人のオーラの中に人体の設計図が存在しているということは、人間という生命体はその初めから「神に創造された」のであって、猿から突然変異によってできたものではないことが明らかである。つまり、ある意味において「ダーウィンの進化論」は誤りである。猿は何万年経っても猿のままだ。

人体の設計図が正しく修正されても、すぐにその効果が現れることはない。数ヶ月かかってやっと人として正常になっていく。その間、人間のヒーラーが患者さんに寄り添うことはない。

第6層は、セレスティアル体と呼ばれ、体表面から80センチほどの空間にまで延びている。この層は、神々がその感情を人に伝える場である。

第7層はコーザル体ともいわれ、体表面から1m位の空間にまで広がっている。金色の卵型をしている。この場は、第1層のエーテル体の場と、第3層のメンタル体の場を生み出している。つまり、コーザル体は肉体と精神とを生み成す場である。

死によって魂がその肉体から完全に離れると、第1層から第7層までのオーラは全て魂として残る。言い換えれば、オーラは魂のことである。魂は物質としての肉体は持っていないが、生前の肉体は「光体」として残っている。つまり、魂は目、鼻、口、手足が生前のままに残っている。ライトボディという。「死んだらなにもかもなくなる」と信じている人が実際に死ぬと、「自分は死んでいない」と叫ぶ。

物質は全て固有の波動を持っている。波動とは、一つの波が1秒間に繰り返す回数のことで、単位はヘルツで示す。波の山から山、あるいは谷から谷の長さを波長という。精神世界に興味を持っておられる人がよく「神様に波長を合わせるようにする」というのは文学的表現であって、本来は「神様の波動に合わせる」と言うべきである。

電子は、陽子や中性子の周囲を廻っている。人の目では元素は一つの物質のように見えているが、元素は高速で回転している電子が、陽子と中性子の周辺の空間にある状態のことである。様々な元素が集まっている状態が、物質である。人間の肉体は、物質によって構成されており、一人ひとりが固有の振動を発している。つまり人間は、誰しもが固有の波動を持っている。肉体は、エーテル体（オーラの第1層）が物質化した状態である。

物質はそれ自体、エネルギーであってエネルギーの塊といえる。エネルギーが固まった状態が物質であると考えた方が、わかり易いであろう。

茨城県つくば市に、サイクロトロンという巨大な実験装置が地下深くに作られている。陽子や中性子の周囲を廻っている電子を取り除き、原子核同士をぶつける実験をしているのだが、ぶつかった途端、陽子や中性子がなくなり、光だけが残る。つまり、物質の元は光であることがわかっている。

光は、それ自体がエネルギーである。植物は、太陽エネルギーの光を葉緑素から取り入れて成長する。その光は、波動を持っている。

人間の肉体は、光が固まってできた物質とオーラという光によって構成されており、それらは独自の波動を持っている。ここで、人のオーラを波動として説明すると次のようである。

オーラの第1層（エーテル体）1200〜1300ヘルツ
オーラの第2層（エモーショナル体）1200〜1500ヘルツ
オーラの第3層（メンタル体）1300〜1600ヘルツ
オーラの第4層（アストラル体）1500〜1700ヘルツ
オーラの第5層（人体設計図）1600〜1700ヘルツ
オーラの第6層（セレスティアル体）1700〜2000ヘルツ
オーラの第7層（コーザル体）1800〜2100ヘルツ

右は、ブレナン博士が専門の学者たちと実測した数値である。心身共に健康な人は２１００ヘルツ前後の波動で、病気の人は２５０ヘルツ以下になっている人がいる。チャクラ・ヒーリングやオーラ・ヒーリングは、「波動修正」の一環であるともいえる。人間側のヒーラーは、２１００ヘルツ以上の波動を持っていないと勤まらない。

## 新加速器施設で 宇宙の謎解明へ

### 高エネ研、本格稼働

高エネルギー加速器研究機構は22日、宇宙の謎を探る新たな加速器施設「スーパーＫＥＫＢ」（茨城県つくば市）＝写真（原田成樹撮影）＝が本格稼働したと発表した。宇宙に存在する正体不明の暗黒物質の発見などノーベル賞級の成果が期待され、４月中にも粒子衝突の観測を開始する。

小林誠、益川敏英両氏のノーベル賞受賞に貢献した施設を約３４０億円かけて改造し、性能を高めた。

産経新聞掲載 平成30年(2018年)3月23日金曜日　（無断転載・複写不可）

## 三ノ三　再生ヒーリング

人の体内には、それぞれの部位を作る幹細胞がある。従って失われた臓器を再生することができる。ＩＰＳ細胞を体内に植え込まなくても、臓器再生は可能である。ただし、失われた手足を元通りに再生することはできない。

胆のうを手術によって失った人に、再生ヒーリングをしたことがあった。胆のうを作る幹細胞を、人間側のヒーラーによるヒーリング・パワーによって活性化させたのである。神界のヒーラーは、しなつひこの神であった。手術によって臓器を全摘しても、オーラの第5層にある人体設計図は正常だったので、再生可能であった。もちろん、手術に入る前にチャクラ・ヒーリングをすれば、安易に臓器を治すことができる。この方は、関西に住む二児の母だった。

先天性心室中隔欠損症、つまり心臓が正常でない患者さんの心臓をヒーリングで治した。心臓の設計図は正常であったが、母親の胎内にあった時、何らかの原因で心臓が正常に成長せずに生まれたケースであった。

神霊手術をした神はしなつひこの神であった。医者に「この子は20才まで生きられないだろう」と宣告されていたが、この患者さんは今、30才を越えて生活を続けている。心臓疾患で生まれてきたこの男性の父親が私の25年来の読者で、私がヒーリングの本を出版した時、初めて私に連絡してきた。「息子のヒーリングを頼む」と。心臓疾患では、神様にそのヒーリングの大部分を頼らざるを得なかった。

チャクラもオーラも正常で設計図も間違いがないのに、通常の人々と異なる手足の動作をする人がいた。医者は、「先天性小児麻痺」と告げていた。この人は母親の胎内にいた時、充分に育たないまま生まれていた。ヒーリングを頼まれた時に、予め、ヒーリングの神様に調べてもらった。すると、「脳梁が未発達」との結論を得た。

脳梁は左脳と右脳との中間部にあり、右脳から入ってくる外部情報と左脳の論理回路とを統合して物事を立体的に理解する機能を持っている。脳梁を正常にすると、動作は通常の人と同じになった。

この時の神界のヒーラーはティア・ウーバ星人のタオさんであったが、タオさんは日本では観音様として多くの社寺に祀られている方である。その姿は狩野芳崖《かのうほうがい》（１８２８〜１８８８）の有名な絵、慈母観音像のままである。ティア・ウーバ星人は両性具有の巨人族で、タオさんの魂はしなつひこの神の分神である。そのタオさんが、人間のヒーリングがすばらしくうまい。伊勢の臼井先生は、タオさんの御魂分けである。

ミシェル・デマルケ著、『超巨大・宇宙文明の真相』（徳間書店）は、タオさんがデマルケを宇宙船に乗せ、ティア・ウーバ星に案内する話だが、

「この本に書かれている話は全て真実である」としなつひこの神が言った。

「ティア・ウーバ星人はワシが創った」とその神が常々言っている。天之御柱神として、その仕事に携わることになった。しなつひこの神という神名は、ずっと後に人間側がつけた神名である。

「先天性小児麻痺」と診断される子は歩き方、手の動かし方等ですぐにそれとわかるが、五体満足で普通の人のように見える人が、実際には脳神経が未発達である場合がある。

言語障害には様々な症状があり、言葉を発声することができない失語症、言葉を発声できても言っていることが意味不明である人（政治家に多い）、文字が理解できない識字障害等がある。識字障害の人は長い文章を理解できず、本を読み通すことができないばかりでなく、文章を書くことが大変苦手である。このような言語障害は、左脳の側頭葉をヒーリングすることで治すことができる。

言語は全て左の側頭葉が担当しているので、その部分の言語回路（神経回路）を構築する。ただし、その作業は神界のヒーラー（神）による。識字障害は母親の胎内にいた時、充分な栄養を取ることができず、左脳が正常に発育しなかったことが原因であることが多い。

失語症は、前頭葉の一部分の、声帯を動かす筋肉を司る神経系統が未発達か、あるいは壊れたときに発症する。

言語障害は、他の脳の病気に伴って発症するケースがある。例えば、硬膜下出血等による合併症である。そのような場合は硬膜下出血による脳の傷から治していかなければならない。硬膜下出血では、左半身不随とか右半身不随など運動機能障害が起きてくるケースが多く、前頭葉運動神経を修繕しなくてはならない。

いずれにせよ、脳神経系統のヒーリングでは、人体設計図を見ながら神経の一つ一つを再構築していくため、時間が非常に長くかかる。識字障害のヒーリングでは、延々5時間半かかったことがある。その時の神界のヒーラーは、しなつひこの神を総監督としてノストラダムスと故バーバラ・アン・ブレナン博士が交代で行った。

私は神々の指示に従って、数十分おきに左脳の言語回路にヒーリング・パワーを注ぎ込む役であった。その言語回路は人間の手の平の内にすっぽり入る。

右の患者さんの魂はいざな実の神の御魂で、「戦争中に母親の胎内にいたので栄養不足はしかたなかった」といざな実の神が私に言った。いざな実の神は、このヒーリング場面に立ち会っていた。いざな実の神がしなつひこの神のヒーリング現場に行って、しなつひこの神から直々にヒーリングの技術を学んだのはこれより少し前の頃からであった。


インターネットやスマートフォンの機能が発達し、昼夜を分かたず夢中でこれらにのめり込んでいる人々には、昼と夜との区別がつかなくなっている。松果体を壊しているのである。松果体は、間脳の視床下部にある。間脳とは、左右大脳や脳梁の下部に位置している脳の一部である。その役割は、昼と夜との区別をしている。昼になると目を覚まさせ、夜になると眠る指令を体に送る。自ら松果体を壊してしまった人は、自分の普段の生活パターンを変えると自然に治る。

何らかの別の原因で松果体を壊している人は、ヒーリングの技術で治すことができる。人間側のヒーラーは患者さんの第7チャクラから10数分ヒーリング・パワーを注ぎ込む。神界のヒーラーは、このエネルギーを使って人体設計図を見ながら、松果体を元の健康な形に修繕する。ここでも、人間側のヒーラーと神界のヒーラーとが協力してヒーリングをする。

松果体のヒーリングでは、第6チャクラBからのヒーリングは必要ない。

ホルモン異常の患者さんは、脳下垂体を治す必要がある。脳下垂体は間脳の視床下部にあり、成長ホルモン、乳腺刺激ホルモン、副腎皮質刺激ホルモン、性腺刺激ホルモンという多くのホルモンを分泌する内分泌器官である。また、自律神経という生命維持装置でもある。人間が、動物としての生命体を無意識下で維持していけるのはこの自律神経があるからで、脳下垂体はその司令塔である。

アトピーという、全身に痒みを伴う発疹が出る患者さんが多くいる。この病気は副腎皮質ホルモンが出せない人がかかる。従って、副腎を治さなければならない。副腎のヒーリングは、第1チャクラからヒーリング・パワーを注ぎ込むことから始まり、背側にある二つの副腎に直接ヒーリング・パワーを注ぎ込む。全身にできている発疹には、その皮膚の全てにヒーリング・パワーを当て続け、発疹を消す。最後に第6チャクラBからヒーリング・パワーを必要な時間注ぎ込む。その時、神界のヒーラーが人体設計図の脳下垂体を参照しながら、脳下垂体を治す。

第7層のコーザル体がその機能を発起し始め、数週間後には副腎が正常な機能を持つようになる。

女性特有の病気に、乳癌がある。単純に乳癌だけならば、癌の病巣をヒーリング・パワーで消せる。チャクラは第4チャクラのヒーリングとなる。癌は、免疫力が落ちているために発症するので、胸と脇周辺のリンパ腺、リンパ球を活性化するヒーリングを行っておく。

抗癌剤は無意味だ。乳癌の患者さんの中には、甲状腺ホルモンの異常を併発している場合がある。この場合では、耳の下から喉にかけての甲状腺にヒーリング・パワーを当て、さらに脳下垂体のヒーリングも必要になる。

女性で子ができない人は、第2チャクラのヒーリングになるが、それでも子ができない人は脳下垂体に異常があると考えられる。性腺刺激ホルモンが弱いのであろう。子ができない原因は、男性側にもある可能性がある。この場合でも、第2チャクラと第6チャクラのヒーリングとなる。

「耳が悪い」という人がいる。自分に都合の悪いことは、「聞こえない」ことにしている人のヒーリングは行わないが、本当に耳の病気で難聴の人がいる。耳の病気は通常、外耳炎、中耳炎、内耳炎等の病名が医師から告げられる。

ここで、外耳は耳穴から鼓膜までの間、中耳は鼓膜から三半規管の間、内耳は蝸牛《かたつむり》や聴神経等から構成されている。鼓膜が傷ついている場合は、鼓膜の再生ヒーリングとなる。鼓膜を作るＥＳ細胞をヒーリング・パワーで活性化し、鼓膜を再生する。これは治るまで一定の時間が必要になる。

三半規管や蝸牛、聴神経等の故障が原因の難聴は、人間側のヒーラーが患者さんの第6チャクラＢから必要な時間、ヒーリング・パワーを注ぎ込み、神界のヒーラーが人体設計図の内耳器官を見ながら患部を正常に治していく。これは、神様でもかなりの時間を要す。

例えば、患者さんが夜に寝ている間、朝方まで神様がヒーリングすることがよくある。患部の器官が正常に機能するまでには、さらに時間がかかっていく。聴神経の周囲にある毛細血管が、その周囲にできた脳腫瘍によって血流が悪くなっているのが原因で難聴になっている例を発見したことがある。この場合では、脳腫瘍のヒーリングとなった。

メニエール病は、激しいめまい、吐き気、耳鳴りなどに襲われる症状であるが、難聴を併発することがある。メニエール病も、内耳のヒーリングとなる。

難聴の人は、補聴器を付けていることがあり、ヒーリングによって治ると補聴器をはずすので、治ったことがわかる。

目の治療は、病状によりヒーリング手法が異なる。右目は頭頂の第7チャクラからヒーリング・パワーを入れ、左目は額の第6チャクラをヒーリングする。これは、先にも書いた通りである。

弱視で視力を失いかけている人は右左の目に直接ヒーリング・パワーを入れ、眼球の変形を治す。この眼球の変形は、神界のヒーラーが行う。視力が回復してくるのにはある程度の時間がかかる。白内障は、目に直接ヒーリング・パワーを入れて治すが、緑内障は、目に直接ヒーリング・パワーを入れてはいけない。眼圧が問題である。これは、眼圧を下げるヒーリングになる。

視神経が正常でない人は、神界のヒーラーに頼んで視神経の一つ一つを正常に治してもらうことになる。人体の設計図を見ながら、頭の中の視神経を治すという神の仕事はかなり時間を要する。

私は2型の糖尿病のヒーリングはしない。この病気は、普段の食生活が間違っていることが原因で発症する。その食生活を正しい方向に向けない人の膵臓を治してもすぐに再発する。

自分の体調管理をきちっとできない人のヒーリングは無駄である。この意味で、「お太り様」はヒーリングをお断りしている。ただし、純粋に膵臓の病気（1型糖尿病）の患者さんはヒーリングを引き受ける。第3チャクラが壊れているからである。

膵臓は、インシュリン等の血糖値を調整する働きをしている。それらのホルモンを分泌させる司令塔は脳下垂体なので、脳下垂体のヒーリングとなる。膵臓だけでなく消化器官はその部分だけのヒーリングに留まらず、脳下垂体までヒーリングしなくてはならない場合が多い。また、脳下垂体から各臓器を結ぶ、管もヒーリングの対象となる。それは、脊椎管の中を通っている。従って、脊椎（背骨）のヒーリングが必要なのである。

長い間の生活習慣や怪我で骨が変形している人は、人間のヒーラーによるヒーリング・パワーがその治癒に大いに役立つ。骨は無機質の物質によってでき上っているのではなく、骨を作る細胞の固まりであって、4年に一度、骨の細胞は新しい細胞によって入れ替わっている。
側弯症のヒーリングは、背骨の一つ一つにヒーリング・パワーを入れ、その後に両足を持って足方向に引っ張り、さらに両脇を持って頭の方向に引っ張る。人のヒーリング・パワーは大変に濃いエネルギーで、骨細胞にも入り込む。背骨のどこか1ヶ所でも少しずれれば体中が痛むことがある。脊柱管狭窄症《せきちゅうかんきょうさくしょう》のことであるが、微妙な背骨のずれはCT等で発見しづらい。従って医師がこの病状を見出せないことがよくあるが、本人はその痛みのため、大変苦しむことになる。もちろん、普段の仕事も、通常の動作も困難となる。

このような脊柱管狭窄症では、ずれている部分にヒーリング・パワーを必要な時間当てていると、骨がゴニョニョと動いて正常な位置に戻る。念のため、再発しないようにその部分にエーテル体の管を神界のヒーラーに頼んで作ってもらうとよい。それは、例えて言えば透明のペットボトルのようなものであるが、背骨の形をしており、伸縮自在に動くので、付いている感じはまったくない。人間の医師による背骨の手術はしない方がよい。

重大な交通事故等によって、脊椎や頭骨に怪我を負っていて脳脊髄液減少症《のうせきずいえきげんしょうしょう》に陥っている患者さんには、高度な神霊手術が必要になる。脳脊髄液減少症は、交通事故等だけが原因とは限らない。この病状では「ブラッット・パッチ」という手術法が知られているが、その専門医の言葉によると、「ブラッット・パッチ」が有効な患者さんは2割程度という。残りの8割の人は、治らないということである。しかし、ヒーリングの手法で治せる。

脳脊髄液減少症に関しては、1冊の本にしてある。拙著『光のシャワー』である。この本は、2008年10月に出版しているが、その後ブレナン博士が亡くなり、BBSHに関する案内文を削除し、『改訂版　光のシャワー』として2019年7月に再出版した。前の本は6月にようやく売り切れとなった。最初の出版から11年が過ぎ去っていた。売れない本の典型である。この6月に絶版にしようと決意した。出版社にその旨電話しようとすると、

「ちょっと待った」と神様が連絡してきた。

その本にはブレナン博士が実際にヒーリングしている場面が描かれており、そうした場面をスケッチしている本は「世界的にもどこにもない」ため増刷してほしいと神が言っていた。そこで、出版社に無理をお願いして再版していただくことにした。

## 三ノ四　緊急出動指令

２０１８年８月９日（木）朝、淡路島に住む友人から電話が入った。

「心臓が苦しくて、7日に病院に行き精密検査を受けた。20日に手術予定」と彼は言った。その時、いざな気の神から、

「くによし！　急いでくれ」と指示あり。

「できるだけ早く、そちらに行く。いったん、電話を切って、もう少し経ったらこちらから電話する」と私は言った。すぐ車に行って、始動させた。カーナビに彼の住所を入力すると、私の自宅から現場まで５０５キロ、往復で千キロを超える旅となることがわかった。片道7時間ないし８時間ほどかかる。これから自宅を出発すると、到着は夜になってしまう。

「焦って車を飛ばしてはかえってよくないし、今からでは現地には夜になってしまう。明日早朝にここを出て、昼前に現地着とし、午後1時までにヒーリングする。その後で帰宅する。この案でどうでしょうか。明日の11時まで彼の命を持たせるために、第４チャクラからヒーリング・エネルギーを入れておいてくれませんか」と、いざな気の神に

言った。

「うん、そうしよう。ワシのところにいる元医者を彼の家に置くことにしよう」と神は言った。元医者とは、今は多賀大社にお勤め中の魂の人で、ヒーラー志願の人である。私はこの方を「ドクター多賀」と呼んでいる。魂は、いざな気の神の分身である。ここで私の方から患者さんに電話した。

「カーナビにそちらの電話番号を入力したら、7時間以上かかることがわかった。今からでは夜になってしまうので、明日の午前11時頃からヒーリングする。それまで御自宅でゆっくり休んでください」と私は言った。

「新幹線で新神戸着と思っていました。そこまで自分の車で迎えに行こうと考えてました」と彼は言った。

「今日は車で動かない方がいいと思います。淡路島から新神戸まで、車で数時間かかると思うのですが、その間に心臓が悪化したらどうなりますか」と私。

「池田さんを泊めるホテルを探したんですが、夏休み中のことでどこも満室でした。宿がないのですが、どうしましょうか」と彼は言った。

「明日一往復のつもりです」と私は言った。彼は私のスケジュールを知って、唖然として声が出ないようだった。そこで電話を切った。

私は次に、ガソリンスタンドに行った。長距離ドライブに耐えられるように、車はハイブリッドにしてある。自宅と淡路島往復は、1回の給油で大丈夫である。九州内のどこでも、この車でヒーリングに行けるようにしているのである。

淡路島の友人は、拙著の20数年来の読者であるばかりでなく、大阪での講演会にはいつも参加してくれていた。ある年に、淡路島に案内してくれたことがあった。その日、彼は最初に「伊弉諾《いざなぎ》神宮」に案内してくれた。ここの地名は、一宮町多賀である。滋賀県犬上群多賀町に多賀大社がある。その多賀と淡路島の多賀が、同じ地名である。

彼は、この伊弉諾神宮で奉仕していることを話してくれた。この神社の例大祭や、定例のもようし会に必ず出席しているという。宮司ではないが、地元の住民としてこの神社を支えている役職にいた。そうした活動を、いざな気の神がよく見ていたようだ。

「ところで、あなたの守護神様はどなたで?」と私は不躾にも質問した。

「決まってるじゃないですか。私の守護神はいざな気の神ですよ」と彼は即答した。彼自身の魂もいざな気の神の分身なのであるが、そのことをきちっと答えられる人はほとんどいない。私はこれまでの人生で多くの人々と関わりを持ってきたのだが、自分の魂の親神と守護神とをはっきり自覚している人は彼で4人目だった。

8月9日朝に彼が電話してきた時、ほとんど同時にいざな気の神が「急げ」と指示してきた。私は何のためらいもなく、ヒーリングに行く準備に入った。

今から40億年前、国之床立地神に指示されたいざな気、いざな実の神が海底から大地の一部を海面上に引き上げた。その時、最初にできた島を「おのころ島」という。この世界最初の島が、現在の淡路島である。それで、ここに伊弉諾神宮がある。おのころ島は、当初火山島であった。しかし、長い年月を経て現在は岡のように見えているが、温泉があるので火山島とわかる。火山島であるが由に大地のエネルギーが強く、また、地が肥えていて野菜類が大変おいしい。大消費地の関西には、多くの野菜類が日々出荷されている。

8月10日（金）早朝、私と由美は自宅を出発した。途中、広島と岡山周辺では西日本豪雨の爪痕を多数見た。高速道路下、周辺の道路は不通になっており、高速道路が生活道路と化し、大変混雑していた。いつもより通過するのに時間がかかった。

倉敷JCより瀬戸中央自動車道に入り瀬戸大橋に入った。私も由美も、瀬戸内海を車で通過するのは初めてだった。珍しい島々と海との光景を見て、香川県に入った。そこから高松自動車道で鳴門海峡を渡った。彼の家はそこから近かった。午前11時頃、患者さんの家に到着。ヒーリングをするのには充分な広さの部屋に通された。

「今朝はどういうわけか気分がいい」と彼は言った。

「あなたを1日分延命させてくれるように、昨日いざなな気の神に頼んでおいた。そのせいだと思うよ」と私は言った。彼は納得したように、小さく「うん」とうなずいた。

部屋の中央に大きなテーブルが用意され、その上にクッションが置かれていた。さっそく彼に、「そこに横になるように」と指示した。ヒーリングの準備をしていると、奥様が小さな子を連れて部屋に入ってきた。ヒーリングのことをわかるのだろうかと疑問に思ったが、そのお孫さんはおとなしく終始ヒーリングを見ていた。

やがてヒーリングの準備が終わったので、神界のヒーラーが来てくれているか確かめた。すると、神倭姫命と臼井先生とが見えていた。昨日の内に、いざなな気の神が伊勢に行ってお二人に頼んでおいたに違いない。それにしても伊勢の神様が二人も来ているので、患者さんの容態は極めて危ない事態になっていることは確かである。

私の背筋に緊張が走る。心臓病のヒーリングは、これまでも何度か経験してきている。その時は、しなつひこの神に教えられる通りにヒーリングを行っていた。しなつひこの神は、臼井先生に後事を頼んでどこかに消えている。しなつひこの神がいなくても、臼井先生が来てくれている。しなつひこの神にかつて何度も教えられた通りヒーリングを行い終了した。しばらくして臼井先生の指示に従い、患者さんをゆっくり台から下ろした。すると彼は、

「孫のヒーリングを頼むよ」と言った。患者さんの自宅でヒーリングするとよくこんなことがある。

私は通常、「ついでのヒーリング」は断ることにしている。その第1の理由は、ヒーリングする前にその人の親神にヒーリングをしてもよいかどうかの許可をいただかないとならないこと。第2の理由は、神界のヒーラーを誰にするか決めておかないとならないことである。

ところが、このお孫さんには特段の病気はなかった。ある種の教科が苦手らしい。そこで、私は母に相談した。母とは神倭姫命のことである。母がヒーリングを引き受けてくれたので、お孫さんのヒーリングを開始した。特に右脳と左脳とのバランスを良くするためのヒーリングとなった。

午後2時少し前に、淡路島を後に帰路についた。広島に入ると、高速道路はお盆の帰

省客で大渋滞が始まっていた。夜遅くに帰宅。この日1日の仕事が終わった。

翌日、彼は病院に電話して手術をキャンセルした。心臓の血管にカテーテルを入れる手術は事故が多く、それによる「死亡事故」に関しての新聞記事をよく目にする。「医療事故」のことである。手術は何であれ、しないにこしたことはない。

ところで、私はこの患者さんの奥様の御魂がしなつひこの神（今は天之御柱神）であることを当初から知っていた。臼井先生が、しなつひこの神の仕事をよく引き継いでいることがわかる事例である。

しかしお孫さんとは、この日が初対面であった。ヒーリングした日の1ヶ月ほど後に、このお孫さんの母親の魂が天之児屋根の命様（天照皇大御神の分神）の御魂であることを神様が教えてくれた。どおりで伊勢から倭姫が来てくれたわけである。

この一家のヒーリングを終え、秋になった頃、天照皇大御神の提案で、天之児屋根の命様が道臣命を神界のヒーラーとして世に送り出したことは、先に書いた通りである。

通常、私はこのような緊急事態が起こってもすぐにヒーリングに出かけることはない。たとえそれが家族であったとしても。また、兄弟や親戚でも行かない。人には皆、誰でも親神がいて、守護神もいるはずである。当人がそのことを知っているかどうかは別であるが。

では、なぜ淡路島にだけ急行したのか。それは、いざな気の神が、「くによし、急げ！」と言ったからである。

# 第四章　平成から令和へ

## 四ノ一　癒やしの女神

奈良県の南部、玉置《たまき》山の南斜面に玉置神社がある。どのような玉が置かれているかというと、天之御柱の神の御魂である。

２０１９年元旦、早朝、天之御柱の神は玉置神社にいた。年賀の列に年頭の挨拶を述べた。しかし、夜にはそこから消えた。以下は私の想像であるが、天之御柱の神はホワイトハウスに行ったと思う。そこで、トランプ大統領の年初の気持ちを聞いた。普段、ホワイトハウスにはシルバー・バーチを配しており、トランプ大統領に戦争をさせないように気を配っている。

この人事は、２０１８年3月4日にしなつひこの神たちが天之御柱の神として神名を戻した時から始まっていたと思う。シルバー・バーチは普段は伊勢神宮にお勤めをしているが、その神業を中断して、シルバー・バーチの故郷たるアメリカのホワイトハウスに仕事場を変えなくてはならないほど世界情勢は逼迫《ひっぱく》していた。シルバー・バーチの人事異動は当然、天照皇大御神と相談した上でのことである。シルバー・バーチから昨年来からの大統領の心境の変化について報告を受けた後、天之御柱神は山本勘介軍師と中村天風師を呼び、それぞれから報告を受けたと思う。

山本軍師は朝鮮半島情勢を、天風師は中国情勢を担当しているのではなかろうかと私は推定している。お二人ともしなつひこの神の分神であって、ティア・ウーバ星人のヒーラーと異なって、母星に帰る必要はなく、伊勢のヒーリング・チームとしての仕事がなくなったとしても、他の仕事をしているはずである。

2019年の年賀の行事も終わりに近づき、その1月10日にいざな実の神から連絡が入った。

「皇室の仕事をすることについても、ヒーリングの仕事は変わりなく続けていけると思う。ただし、他の魂の人たちはその親神がヒーリングすること」と言う。

何の話かというと、まず「皇室の仕事」とは新天皇について、「その神業にお付き合いする神としての仕事」という意味である。皇居には、神殿が設けられている。天皇は日々、そこで神業をしておられる。その神業に全てお付き合いするのはその天皇の親神である。そのような神仕組みが昔から延々と続けられている。新天皇は、5月1日からその任にあたるのであるが、いざな実の神の御魂なので、いざな実の神は皇居勤めということになる。つまり、多賀大社で日常の仕事を続けながら、皇室に付き合うのではなく、皇居が居場所ということになるのである。

「それでも、ヒーリングの仕事はこれまでと変わりなく続けていく」とは、静岡のヒーラーの所に行くことも含めて、ヒーリングの仕事は続けていくという意志である。ところが、それにはただし書きがついており、

「自分の御魂分けの人がかかおるにヒーリングを頼んだ場合のみ」ということである。他の神様の魂の人たちのヒーリングはできない、という話である。この話が終わって、いざな実の神は、よくヒーリングを頼んでくる、ある神様を呼んだ。そして、

「今後、ヒーリングはあなた自身でするように」と厳命した。そのように言われた神はいざな気神とその一属ではなく、国之床立地神の一属でもなく、天照系の一属でもない。あらゆる神職をほおり投げた神である。「神職投出神《なげだしのかみ》」とでも言っておこうか。

いざな実の神がよほど厳しく言ったらしく、その後、投出神は自分の御魂の人間は自分自身で行うようになった。ところが、元来、人間のヒーリングは苦手で、自分の手に負えなくなると、私にヒーリングを頼んできた。しかしその患者さんたちは私の読者でも何でもないので、何の便りもなく、いつも立ち消えになっていった。

日が経つにつれて、いざな実の神は皇居にいる時間が長くなっていった。平成の天皇の時代、皇室の守護神は天照皇大御神であった。天照皇大御神は宗像の三姫以下多くの分神を作り出している。そこで、皇室の守護は、天照皇大御神とその分神全体によってなりたっていた。

その天照皇大御神と分神たちから業務引き継ぎを受け始めたいざな実の神は、天皇家の神業の多さにびっくりしていた。それが、「皇居にいる時間が長くなっていった」理由である。このため、御自身の御魂の人間たちについてのケアは日々、短くなっていった。そしてついに、静岡のヒーラーの所には一度もいけなくなってしまった。

4月の初め頃、その異変に気が付いた私は、いざな実の神がかおるの目のヒーリングを忘れていることを思い出した。そこで、臼井先生にかおるの目のヒーリングを頼んだ。

3月31日（日）、天之御柱神は、ヒーリング専門の分神を生み出した。とは言え、まったく新しい神ではなく、前年の3月31日に飲み込んだバーバラ・アン・ブレナン博士だった。丸々1年間、天之御柱神の中に入っていたブレナン博士の魂は「神」として作りなおされていた。その神界から出てきた「新しい神」は当初、「私は誰？　ここはどこ？」という具合で生前の自分を完全に忘れていた。魂が徹底的に浄化されていたのである。

しかし、ヒーリングに関しては、徹底的に専門化されている様子である。神名をどうしようかと考えた。「天之御柱癒やしの女神」でどうだろうかと白紙に墨書きし、神棚に置いた。すると、

「ドクター・Xの方がいいわ〜」と言ってきた。テレビドラマにそういう物語があったが米倉涼子さんの魂ではないし、いかがなものだろうかと思った。そこで、私の方でかってに「癒やしの女神」と呼ぶことにした。テレビドラマの中で、米倉涼子さんはぎょうざをむさぼり食べていたが、ブレナン博士はぎょうざを食べたことがなかった。

「癒やしの女神」様は1ヶ月間、天之御柱神の膝元にあって、親神の指示に従い人間たちのヒーリングだけを行っていた。そして、5月1日、皇居に入った。いざな実の神が新天皇のおそばにいなくてはならず、自身の魂の人々のケアがまったくできなくなっていたからである。「癒やしの女神」様は、それだけではなく、天皇家全体のヒーラーとしての役割を担った。

6月に入って「癒やしの女神」様に、「皇居の仕事はどんなもんですか」と聞いてみたが返事はまったくなかった。そこで、「ドクター・Xは皇居の生活はいかがですか」と聞きなおしてみたところ、

「まんざらでもないです。でも時間が余る」と言う。どうも「癒やしの女神」なる神名を気に入っていないようで、どうしてもドクター・Xと呼ばれるのが好きなようである。「時間が余る」と言うのは、「暇」だという意味である。

8月初めにドクター・Xから連絡が入った。

「今、近くのホテルでお茶の時間を過ごしている。昔、ヒーリングをしたことがある人(外人)がここに泊まっていて、彼女の魂が呼びに来たの」と言う。そのホテルは超高級ホテルだが、ドクター・Xが昔の記憶を思い出しているのがわかった。1年間、親神の中に入っていて、昔の記憶は全て消されているのかと思いきや、必要に応じて生前の記憶は戻ってくるものだと知った。その記憶は、オーラの第4層に畳み込まれている。

2019年の4月初め頃から、天御柱神が日本にいることが多くなっていた。しかし、伊勢に戻るわけでもなく、祀られている神社にいることもなかった。他の神々に聞

くと、「富士山が見えている湖のほとりに深い森があって、その中に別荘を持っている。その別荘は人間が近づくことができない。道がない」と言う。

かつて、私の家に神々が使う「神界の家」があって、これを「しなつひこハウス」と呼んでいた。２０１６年冬にこの「しなつひこハウス」が消えた。私は解体されたと思っていたのだが、なんと、富士山麓に移築していたらしい。「しなつひこハウス」はしなつひこの神の研究所であるが、男女の神々がそれぞれ別室に泊まれるようになっており、大会議室も備わっていた。しなつひこハウスが我が家からなくなると、神々も我が家には来ず、テレパシーの連絡のみになっていった。

富士山別荘には「神界の専属ヒーラー」たちの個室もあるはずで、そこで仕事をしているらしいとわかってきた。人間が近づきがたい森の中から、湖を見、富士山を見ながら会議をしている神々の姿が見えるような気がした。

天之御柱神は、外に仕事ができると、別荘を出て必要な会議やヒーリングに出かけることがあるとわかってきた。かおるの家に重症の患者さんが行った時に、そのヒーリングを天之御柱神が行っていることがわかった。従来、かおるの患者さんはいざな実の神が立ち会っていたのだが、いざな実の神が皇居から出られなくなったため、天之御柱神が直々にヒーリングするようになっていったらしい。そのかおるの魂は、天之御柱神の波動に修正されていた。

新天皇が、天皇としての公務を見事に果たしているのを見た昭和天皇は、親神の中に入った。親神は、いざな気の神である。しかし、昭和天皇の魂が消えたのではないことは、ブレナン博士や道臣命の話によってわかるであろう。昭和天皇の魂がいつの日か再び人間として生まれかわってくるか、あるいはいざな気の神の分神として神の世界で働くか、今の時点ではわからない。

## 四ノ二　長期にわたるヒーリング

話は2017年秋に戻る。ヒーリングのDVDが完成し、かおるがDVDをたくさん送ってくれた。そこで私は昔の友人、読者にこのDVDをプレゼントした。その内の一人に、淡路島の友人がいた。

12月11日（月）夜に、私はその友人に電話を入れた。DVDを見てくれているはずで、その感想を聞きたかったのである。ところが、彼はＤＶＤについて、ほとんど興味を示さなかった。おそらく、彼自身が元気でヒーリングを受ける必要がないからであろうと思われた。通常の暮れの挨拶程度で電話を終えた。その電話が終わって数分後、電話が鳴った。

「初めまして。今、淡路島の友人から紹介を受けまして、池田さんにヒーリングをお願いしたいのですが」と彼は切り出した。彼の住まいは滋賀県であった。その時、53才の誕生日を迎えようとしていた。彼の電話によると、右目を失明しかけており、近々目の手術をする予定になっているという。

「右目は景色がスリガラスを通して見ているような感じで視力が落ちてきて、今日は0．1」という。しかもそれは右目だけに起きている症状という。とりあえず、申し込み書として病状をできるだけ詳しく書いてＦＡＸしてくれるように頼んだ。いったん電話を切って、淡路島の友人に再び電話をした。

「滋賀県からヒーリングの申し込みをくれた人だけど……」と私。

「うん、彼とは古い付き合いなんだけど、ものすごい頭痛持ちで、なかなか治らなくて困ってんだよ」と言う。

「ヒーリングは受け付けることにするよ」と言うと、友人はうれしそうに、

「よろしく、よろしく」と言った。

その電話が終わると、また、電話が鳴った。FAXだった。滋賀県からである。そのFAXには、

「右目のみ緑内障、云々」と書いてある。ヒーリングの日は12月15日(金)、場所はJR小倉駅のホテルと決まった。彼は新幹線で行きたいと言ってきた。

12月15日、午後3時よりヒーリング開始、右目が患部なので頭頂のチャクラから重点的にヒーリング・パワーを入れる計画である。そこに手が行く前に右目の上、額部分に手を翳すと、ものすごく手が熱くなった。右目の視神経が問題の箇所であることはわかった。ヒーリングの最終段階、第7チャクラの周辺に手がいくと、第1層、第3層、第7層でオーラの異常が見つかった。頭の中、精神体、さらにそれを司る第7層が壊れているのである。

一通りのヒーリングを済ませ、しばらくして患者さんを起こした。すると患者さんは、私が何も質問していないのに、ぼそぼそと話し始めた。

「母から聞いた話で、自分は覚えていないのですが、幼児の頃、頭のてっぺんから床に

落ちたそうです」と言う。

「うん、それが全ての原因です」と私は言った。

「50年以上前の怪我で、右目が失明するもんでしょうか。頭には何の傷跡も残っていませんよ」と彼は言う。

「幼い頃、人間の頭骨はまだ柔らかくて、復元力がある。それで外見的には頭頂部の傷は自然に治る。ところがあなたは、頭頂付近の脳神経に深い傷が残ってしまった。その傷は精神体（第3層のオーラ）にも及んでいた」と私は説明した。

「視力がなくなってきているのもそのせいですか」と彼。

「右目、奥の方の視神経が壊れています。これは今日、あなたが眠りについた頃から神様がヒーリングを開始します。視神経の再生治療です」と私は言った。

翌日の午前中に、彼は滋賀県の自宅に戻った。

12月20日、滋賀県から電話が入った。

「体の痛みは全て治りました。頭の痛みも起こりません」と彼はうれしそうに言った。

「頭頂部の神経が体中が痛んでいるように感じていただけで、その痛みは体中の部分の病気ではなかったんです。ヒーリングした時、頭部以外に病気になっている所は見つかりませんでした。その頭頂部の神経を治しておきましたから、体中の痛みが消えたように感じるのです」と私。

「年明けで、すぐ目の手術をする予定になっているのですが、どうしたらいいでしょうか」と彼は言った。

「手術はしない方がいいと思いますよ」と私。その後、彼は病院に電話して手術をキャンセルした。

年が明けて２０１８年1月15日（月）、滋賀から電話が入った。今度は彼のお母さん(80才)をヒーリングしてほしいと言う。前年の2月末に軽い脳梗塞で入院したことがあるということであった。ヒーリングの日は3月5日（月）と決まった。彼はお母さんを連れて新幹線で小倉に来るという。その3月5日を待たず、2月2日に彼はまた私に電話をしてきた。

「右目の視力以外の症状は全て回復しているが、このままでは失明するのでは？」という。

「視神経が正常に働き出すにはもう少し時間がかかると思える。脳神経の再生治療の場合、長い人では半年かかった例がある」と私は言った。

しかし電話を終えた後で、臼井先生に連絡した。

「滋賀の患者さんのことなんですが、右目の視力がいっこうに回復していないということです。右目に関して、人体設計図に傷があるかどうか調査していただけないでしょうか」と。

その翌日、臼井先生から連絡が入った。

「人体設計図に問題はない」と。私はそれで一安心した。第7層のオーラが健全だと、肉体の部位を正常に戻す力が働くはずで、いずれ右目の視力は回復するだろうと思った。

2018年3月5日、JR小倉駅そばのホテルのロビーで母子と出会った。母は1年ほど前に「軽い脳梗塞」にかかったということだったが、杖を持つこともなく、通常の「おばあちゃん」という感じで、普通に歩いていた。挨拶をしながら顔を見ると、「この人は若い頃、すばらしい美人だったに違いない」と思った。

息子がチェック・インの手続きをしている間、おばあちゃんが私に話しかけてきた。その話によると、この方は若い頃から不眠症で夜にはほとんど眠れないのだという。お茶、お花の先生を今でもしているのだが、不眠症が仕事にさしさわりがあるのだそうである。「松果体が壊れているんです」と私は答えた。

「えっ、松果体？」とおばあちゃんは言いながら、自分の頭の後を指さした。この方の魂は、大国主命様であった。守護神が私と同じだったので、何だかうれしかった。初対面なのに親しみが込み上げてくる。これからヒーリングするぞという緊張感がない。

母子といっしょに部屋へ入り、さっそくヒーリングを始めた。一通りのヒーリングを行い、松果体とその周辺、第6チャクラBにヒーリング・パワーを大量に入れてヒーリングを終わった。お母さんにはそのままベットに横になっていただいて、次は息子の右目のヒーリングに入った。息子には椅子に座らせたまま、第7チャクラからヒーリング・パワーを注ぎ込んだ。右目上の額に手を翳すと、前と同じように手の平が熱くなった。それはつまり、「右目とその周辺の状態が変わっていない」ことを示していた。

「眼圧はどうか？」と聞くと、

「いっこうに下がらず、このままだと右目は失明すると医者が言ってます」と彼は答えた。私は二人に挨拶をして部屋を出た。家に戻って翌日の朝にホテルに電話すると、

「母はあれからずっと寝てました。今朝はホテルの朝食を二人で食べました」と彼は言った。松果体が治るとこんなもんである。不眠症は、おばあちゃんが寝ている間に治ったのである。それにしても、息子の右目が治らないのはどうしてだろうかと思った。

最初の日のヒーリングから3ヶ月と数日後、一計を案じた。まず、右目の状況を電話で聞くと、相変わらず治っていなかった。そこで、出雲大社参拝を提案した。彼の守護神を、彼の母親と同じにする計画である。彼はすぐに承諾し、その日を4月1日と決めた。彼は1日に出雲に行き、2日早朝に参拝をしてその日の夜に帰宅した。

4月3日に滋賀から電話があった。

「出雲でホテルに泊まっていたら、御当地の新聞に目がいった。そこに目に関する研究の記事が書かれていたので一部買ってきた」という。そこで私は、その記事をFAXで送ってもらった。その新聞は山陰中央新報で、4月2日付朝刊であった。その内容は概ね以下のようである。

東北大の中沢徹教授（眼科）によると、緑内障が疑われた場合の研究で、視神経が眼球から脳に向かうときに通る「篩状板《しじょうばん》」という網目状の組織が痛むと、緑内障と同様の目の病気が起こるという。篩状板は正常眼圧でも何らかの作用で厚みが薄くなり、視力が弱くなるという。

4月6日、産経新聞は同じ中沢徹教授の研究成果を記事にしている。そこで、臼井先生に滋賀の患者さんの右目について「篩状板」が異常かどうかを調べてもらうことにした。

翌日、臼井先生の答えは、「篩状板に異常なし」であった。「視神経の回復が遅い」という。「彼の右目の回復には時間が必要なんだな」と私は思った。

5月22日（火）、滋賀から電話が入った。今度は彼の妻のヒーリング依頼である。私は5月27日（日）に東京へヒーリングで出張の予定が入っていた。彼とその妻は二人で東京に行くことが決まった。彼の妻は癌であった。5月27日に彼の妻のヒーリングを終えて彼の右目のヒーリングをいつも通りに行った。その後の経過は、次の様である。数字は全て眼圧のことである。

9月中旬　63
10月5日　52
10月17日　50
10月31日　48（以後途中省略）
2019年4月22日　25

「医者が大変驚いています。失明は避けられました。まだ右目の視力は回復してませんが、希望が持てるようになりました。」と手紙に書いてあった。左目の眼圧はいつも変わらず17のままである。

## 四ノ三　アンチ・エイジング

老化現象は、肉体を構成している細胞群の生命エネルギーが乏しくなっている現象と考えられる。従って、その生命エネルギーを増加させてあげれば、老化は防ぐことができるはずである。生命エネルギーは、人間のヒーラーの手の平から出るヒーリング・エネルギーと同じである。それは患者さんの細胞を元気にすることができて、その細胞には若返りという現象が起こる。つまり、アンチ・エイジングが起こる。ヒーリングは、単に病気を治すことを意味するだけでなく、患者さんを若返らせることになる。

ただし、髪が少なくなっている人が、髪をもっとふさふさにしたい場合は、しかるべき食事を取ることが必要である。髪の成分となる基礎的な材料はヒーリングによるものではなく、食事療法が必要である。しかし、甲状腺ホルモンの異常によって若い頃から髪がなくなり、頭が光っている人（オーラの光ではなく）は甲状腺ホルモンを調整している脳下垂体のヒーリングとなる。

筋萎縮性側索硬化症（ＡＬＳ）の患者さんは、一見すると老化現象が若い頃から起こっているように見える。遺伝子異常ではない。この病気は、前頭葉の運動神経が正常に働かなくなることにより発症している。

２０１８年3月14日、イギリスの理論物理学者スティーブン・ホーキング博士が76才で死亡した。博士は、ブラック・ホールに関して量子力学的説明を行っていた。ブラック・ホールは周囲の物質を全て飲み込むが、一方で全ての物質を光に変えて宇宙にその光を放っている。その部分をホワイト・ホールという。ホワイト・ホールから放たれた光は、元の銀河系の星々に戻される。ホーキング博士はＡＬＳに罹《かか》っていたが、左脳と右脳とは正常であった。ＡＬＳは、運動神経だけが異常であると言える。ヒーリングとしては第6チャクラＡ（額のチャクラ）と全身の運動神経にヒーリング・パワーを注ぎ込めばよいということになる。ヒーラーとしての仕事はここまでということになる。

その次に、衰えている神経細胞と筋肉を正常に戻す仕事が残る。その仕事はヒーラーの仕事ではなく、周囲の人々（家族等）の仕事となる。神経細胞を作るには、ビタミンEが重要な働きをする。ビタミンEは、ナッツ類や緑黄色野菜に多く含まれている。神経細胞を再生するために、高タンパク質が多く必要になる。筋肉を作るためには、高タンパク質とアミノ酸が必要である。

ALSの患者さんの家族や介護する人たちにとって、回復するまでの時間は大変長い。そうした人々にとって、「ヒーリングではALSを治せない」と思える。

しかし、ヒーリングによって根本的には治っているはずである。ヒーリングは、「おまじない」や「手品」ではない。

ところで、ALSに罹る原因は、当人が作り出しているのではなかろうか、というのが私の感想である。昼夜を問わず、研究や勉強その他のことを行い、肉体と精神とがその限界を超えてしまったのである。エネルギーの大部分を左脳ばかりに集中させて、右脳や前頭葉を使わなければ、そこが衰えてしまう。スポーツ選手がALSにかかった話は聞いたことがない。スポーツ選手はよく食べ、よく寝る。

寝食を忘れて東大入試に挑むようなことはしない方がよい。体を壊してしまうだけだ。それだけではなく、頭の神経まで壊してしまっては「頭狂大学」行きとなる。私はアンチ東大ではなく、アンチ・エイジングの話をしているのである。若い頃から老化現象を自ら作り出すべきでない。頭も体もバランス良く成長すべきで、そのためには勉強もスポーツもよくすべきである。その結果、マラソンが強い青山学院大学で青春を過ごすことになる方が非常に良い。

これまでヒーリングをしてきた多くの患者さんたちが、ヒーリングの後、数ヶ月を経たずして10才～20才位若返ったように見えてくる。ヒーリングの前に比べると、「ピカピカ」に輝いているのである。この傾向は、高齢者ほど著しい。

「ヒーリングは、アンチ・エイジングに通じてますね」とかつて私はブレナン博士に言ったことがある。生前、ブレナン博士はそのことに気づかなかったと、ずっと後になって言っていた。その時、ブレナン博士は、

「エステティシャンは、そのパワーによってアンチ・エイジングをしているのではないでしょうか」と言っていた。エステティシャンをヒーラーに転向させせられないかという話である。

この問答のすぐ後で、実際に拙著の読者で神戸でエステを営業している女性から電話が入った。ヒーリングを勉強したいと言う。ちょうどその時、兵庫県内で整体師を開業

している女性からヒーリングを教えてほしいとの連絡が入っていた。この時期はまだヒーリングのDVDを作っていない頃の話で、ヒーラー志願者には実際のヒーリングの現場を見せるところから始めていた。

神戸のエステでヒーリングを教える日に、その整体師にも来てもらうことが決まった。患者さんはエステ経営者の父親であった。この父親は、今どきの高齢者が持っている様々な病気に罹っていた。ただ、認知症にだけは罹っていなかった。

一通りのヒーリングを終わって、父親の体をゆっくり起こした。エステに使っている事務所の中をゆっくり歩かせると、その経営者がびっくりしている。父親の背が真っすぐになって、スタスタと歩くからである。一部始終を見ていた整体師が、顔色を変えた。「自分にはとてもできない」と言った。そして、ヒーラーになることを諦めた。私の手が患者さんの上空にあって、つまり手翳しでヒーリングしているのを見て、自分にはできないと言うのである。整体師は、患者さんの体に直接手を触れて治療を行う。私は手翳しで患者さんの患部を治す。整体師とヒーラーとの違いは明らかである。彼女は、手翳しでどうして病気が治るのか理解できないようだった。頭を抱えて考え込んでしまった。

一方、エステの経営者は自分の父親が元気になったのを見て、何とかヒーリングを勉強しようと考えた。その後、彼女は自分の友人、知人たちを次々にヒーリングさせ、その間に自身も私の立ち会いの元で、ヒーリングの実践を行った。ところが、自分にはできないと言ってヒーラーになることを諦めてしまった。エステティシャンは女性の体、筋肉を直接触ってマッサージするので、手の感覚はその仕事に慣れてしまっている。手翳しをした時、手の平には何の感覚も生まれていないのだそうである。ヒーリングとエステとでは大いに違いがあるということである。

## 四ノ四　病気の原因

病気の原因は、大きく外因性と内因性とに分けられる。外因性の病気は、インフルエンザ等のウイルスや細菌によるもの、内因性はその人固有の症状として現れる病気である。その内因性の病気の大部分は、その原因を患者さん自身が作り出していると私は思う。

クローン病（ＣＤ）と呼ばれている難病がある。クローン病は、自分の免疫細胞が腸の細胞を攻撃することで腸に炎症を起こす「炎症性腸疾患（ＩＢＤと略される）や、「潰瘍性大腸炎（ＶＣと略される）」がある。この病状がさらに悪化すると、大腸癌に至る。ＣＤ、ＩＢＤ、ＶＣは第３チャクラＢが壊れていることから発病する。また、免疫機構は、第５チャクラＡが壊れていることから発している。

従って、ヒーラーは、第３チャクラＢと第５チャクラＡの修繕を行うとともに、腸全体にヒーリング・パワーを注ぎ込む。また、胸の周囲にある免疫器官にも、ヒーリング・パワーを充分に注ぎ込んでおく必要がある。

ここでヒーラーはさらに先に進み、頭部のヒーリングに入る。すると、右脳や左脳に異状を発見するかもしれない。左脳に異状を発見した場合、これは患者さんの左脳（論理回路）が疲労困憊していることを示している。原因は、受験勉強やむずかしい仕事のためであると考えられる。右脳に異状があると認められたら、それは、受験や仕事で失敗した時のショックによるものであろう。感情機能障害に陥っているのである。

感情機能障害などという病名はないが、かつて私は「暗い人」のヒーリングをしたことがあった。その人はいつ、どんな時にも暗い表情をしていた。ヒーリングの結果、右脳の感情機構の一部が異状であった。そこで、その神経を再生しておいた。左右脳のヒーリングでは第7チャクラからヒーリング・パワーを充分に注ぎ込む。ヒーラーはこれで終わらない。オーラの第7層にヒーリング・パワーを充分に入れる。

2019年6月11日（火）、私は東京で48才になる男性のヒーリングを行った。彼はジュビロ磐田（プロサッカーチーム）の大ファンで、自身も地元のサッカーチームでサッカーを楽しんでいる。

当日は、静岡から東京に来てくれた。この男性を仮にAとしておく。Aは拙著の読者で、ヒーリングのことをよく勉強していた。

ヒーリングの依頼内容は、「腰痛」である。一通りのヒーリングをした後、ベットに腹這いになってもらった。背骨に沿って手を当てると、骨のどこにも異状は見つからなかった。お尻の右側に手を当てると、その部分の筋肉が異状であることがわかった。サッカーのしすぎによる筋肉痛であった。

しばらく手当を続けると、筋肉痛はなくなった。次の予定まで時間があったので別の建物に移り、そこの喫茶店で話をした。彼は、気功をしていた。先生は、中国で気功をマスターした方であるという。気功の気とヒーリング・パワーの違いについて詳しく話をすると、Aはじ〜っと私の話を聞いていた。ヒーリングについて、非常に興味を持っているらしいことがわかった。

彼は、自分でサッカーを楽しんでいるだけでなく、近所の子たちを集めてサッカーを教えていた。そして、知り合いの子どもの中に、ヒーリングを必要としている子がいると言うのである。この日はこれで話が終わった。

8月7日（水）夕方、静岡のAから電話が入った。「妻がひどい風邪で熱も大変高い」と言う。

そこで、私は彼に肺のヒーリングを教えた。全て「手翳し」でヒーリングを行うこと、ヒーリング・パワーは気功の気ではなく、むしろ魂側の生命エネルギーに属していることを強調し、気功のことをいったん忘れるように厳重に注意した。

翌日、またAから電話が入った。

「肺は楽になったようなんですが、咽の痛みが激しいと言っています」と彼は言った。

そこで今度は、第6チャクラと第5チャクラの間に、「手翳し」でヒーリング・パワーを入れるように言った。この日も、気功の癖が出ないように注意させた。

するとその翌日（8月9日）、また彼から電話をしてきて、

「妻の風邪が完全に治りました」と言った。

そこで今度は、子供のヒーリングの仕方を教えた。彼は、二児の父親であった。

「子供のヒーリングの場合は、その子を母親の膝に座らせ、ヒーラーはその母子と向かい合う位置に座る。その位置から手を翳すように」と。

8月10日、Aから電話が入った。「子供が気持ち良さそうに母親にもたれて寝てしまいました」と言う。

「この人、ヒーラーとして素質があるな」と私は思った。静岡で二人目のヒーラーが生まれそうである。

「先生、子供の場合、なぜチャクラ・ヒーリングをしないのですか」と彼は質問してきた。

「子供は、まだチャクラが充分に育っていないのです。ですからチャクラ・ヒーリングはしても無駄だ。子供とあなたの手の平との間には50センチほどの距離があっただろ

う。それはつまり、子のオーラの外側から各層をいっぺんにヒーリングしているのと同じなんだ。各層ごとのヒーリングではなくて、全部同時にヒーリングしちゃった方がいいよ」と私は答えた。

彼は非常に感心して、私の話を聞いていた。

「小さい子の場合、母親とまだ離れられない状況にあるので、母親も同時にヒーリングしていることになるのだ」と私は付け加えた。

「この人が本格的にヒーラーに転ずる時、神界のヒーラーは誰が担当することになるのだろうか？」と、ふと思った。

8月7日（水）午前中に、私は淡路島の友人に電話を入れた。

「去年のヒーリングのことなんだけど、心臓病のことは、熱中症だったんだと思うよ」と。

「そんなはずはないよ。だって病院に行って、医者は心臓病だと言っていたよ！」と彼は言いはった。

「日本国中、ものすごい熱で暑くなってるよ。熱中症でたくさん人が亡くなっているけど、心臓が止まっちゃうんだよ」と私。

1年前の8月10日、私は車で彼の家に行って、ヒーリングをした。1年後、2019年8月10日、午前中に私はもう一度、淡路島の友人に電話を入れた。すると、「確かに熱中症だった。今年は一日中、クーラーをきかせて、夜中もクーラーを消さないようにしている。心臓病じゃなかったんだ〜」と彼はうれしそうに言った。

## 四ノ五　アセンション

2017年7月4日、台風3号が長崎市付近に上陸し、九州と四国を横断して和歌山県田辺市付近に再上陸し、さらに東進した。その間、熊本に猛烈な雨を降らせた。翌日5日、福岡・大分両県に、「数十年に一度あるかなきか」の大雨が降った。福岡県朝倉市では午後4時までの8時間に、平年の7月の1ヶ月分に相当する332ミリを観測。

さらに午後3時38分までの1時間の雨量は129.5ミリを記録した。河川が氾濫し、流域の住民45万人に避難指示が出た。1時間に100ミリ前後の雨は、雨というより滝の真下にいるような感じである。目の前が見えず、道路は川と化し、身動きできない。足がすくんで避難行動に移れない。ただじっと建物の中にいて、雨が降り止むのを願うのみだ。

7月7日、新聞朝刊は被災地の惨状を写真で映し出していた。九州の北部地方や関西に食料を供給している筑後平野の大農業地帯は、ほぼ全滅と思えた。この年の秋以降の米や農産物の値上がりがどれほどのものになるか、想像することができなかった。

前年の夏に「しなつひこヒーリング・チーム」の大部分は母星へと帰り、この年は数人のヒーラーが残っているだけになっていた。

その「しなつひこの神」が、

「毎年繰り返される梅雨末期の豪雨には、ヒーリング・チームを派遣することはしない。きりがないからね」と言ってきた。前年に起きた熊本地震による熊本の復旧作業は、困難を極めていた。

「地球の次元上昇中には天変地異が多発する」と言ったのは、宇宙根源の神であった。

その次元上昇のことを「アセンション」という。

我々は今、地球のアセンションの真只中にいる。次の文章は2004年に出版した『あしたの世界P2』の162頁以下に記した。

（取次の神より）　地球の天位転換

広大無辺なる宇宙間の、一分子たりとも大神様《おおがみさま》の御経綸下《けいりんか》に非《あら》ざるは無きなり。（＊宇宙間のどんな小さなものであっても、大神様の法則のご支配のもとにあるという訳である）三次元に浮かぶ無限数なる星々は、其の生成時より既に天命を持ち、天運・天寿が定まりてあり。此処《ここ》にて述《の》べんと為すは地球の天体上の天位と其の転換に就《つ》いてなり。

偖《さ》て、其の星の天位と申すは、其の星が生成時に定められし天運が其の時点に有する天体上の位置に加え、其の星に棲《す》む人類の過去より現在に及ぶ想念波動の累積《るいせき》せるものとの総和《そうわ》に依《よ》りて決定されるものなり。天位転換《てんいてんかん》とは此の天体上の位置が天の仕組みにて変化為すことを申すなり。

過般に述べし如く、汝等の太陽系の如き系が十二集まりて、より大なる系を形成し、其の大なる系が更に十二集まりて、更に大いなる系を形成為し、更に更に大いなる系に統一されて島宇宙を形成為すなり。一なる大神様は、其の御経綸の進展上、幾億年毎に是等《これら》の系や星の昇格《しょうかく》を図られ、大なる系の昇格は軈《やが》て次の中なる系の昇格となり、軈《やが》て小なる系の昇格となりて次々と及ぶなり。斯《か》くの如《ごと》くにして汝等の親星なる太陽の昇格となり、是即《これすなわ》ち太陽系の昇格にして、地球もまた昇格となるなり。斯《か》くして此の昇格と同時に、大神様より一段と微妙《びみょう》なる波動を新たに送られ、大なる系の祭主星《さいしゅぼし》（注＝祭主星とは、その系の中心となる星をいう。太陽系では太陽が祭主星である訳）より軈て中なる系の祭主星に送られ、軈て小なる系の祭主星に送り継がれ、汝等の地球にも送られしなり。地球は西暦一九六〇年より此の微妙なる波動が送られるようなりしなり。爾後地球は、未来に向けて漸増《ぜんぞう》的に此の微妙なる波動を高められつつ送らるるものなり。是《これ》、従来より受けたる波動の高まりと申しても良く、新たに高き波動が送られる様になりたりと申しても良きなり。是《これ》、生命進化促進《そくしん》の波動なり。

宇宙間に散在せし幾億とも知られざる星々は、夫々《それぞれ》其の星固有の天体上の法則に拠《よ》る天位から成る波動を、宇宙空間からも、夫々の親星からも受け、また自らも発するものなり。此の親星から受ける波動が、其の星に棲《す》む生命にとりて一段と進化を速める微妙なる波動を新たに加えらるる事を其の星の昇格と申すなり。是《これ》夫々其の星の天体上に占《し》める位置の昇格なるが故に其の星の「天位昇格」と申すなり。然《さ》れど地球は、未《いま》だ地球人類が過去より積み重ね来たる業想念《ごうそうねん》の自壊《じかい》作用の終結為さざるが故に「天位転換」と申すなり。

往年、田原澄を通じて申せし「地球が優良星界の位置に昇格なしたり」と為すは此の意味なり。なれど親星なる太陽より送らるる波動が徐々《じょじょ》に徐々に高まりて何《いず》れは優良星界と同格の波動を送られるようになるも、現時点に於て未《ま》だ優良星界の如き星同様の波動を送る事叶《かな》わざるなり。此の微妙なる波動を徐々に高めゆかねばならぬなり。若《も》し一挙性急に此の高き波動を地球に送るならば、地球人類が永年累積《るいせき》為し来たる業想念・悪想念の自壊《じかい》作用直《ただ》ちに発《お》こりて、汝等の申す天変地変地上至る処に俄然《がぜん》起こりて地上は一大破壊を演ずるなり。此の業想念・悪想念は破壊の想念の集積なるが故なり。故に徐々に徐々に波動を高めゆかねばならぬ訳なり。此の高き波動と申すは浄化力の強き波動なるがゆえなり。

昭和五十八年四月末明　神示

（以下は池田注）

この世はパラレル・ワールド（並行宇宙）になっている。

従って、過去は現在と同様、存在しているがゆえに、過去の我々の波動の累積は消えずにエネルギーとして残存しているということになる。人の想念は小さくないがゆえに、地球の天位に大きな影響をもたらしているというわけである。

天体から地球への具体的作用については、大規模太陽フレアに伴う、非常に強い磁気嵐による地球への影響が観測されたという記事が、２０１７年9月9日付産経新聞に載っている。地磁気が乱れたことで、メキシコでマグニチュード８．２、熊本で震度4、小笠原諸島・母島では震度３の地震が起きた。

また、同新聞の２０１８年3月23日の記事によると、温暖化の気象災害により、経済損失が34兆円になったと国連が発表している。これも、影響の結果といえるだろう。

「島宇宙」という珍しい表現の言葉が登場している。これは銀河系という意味であり、我々が属している太陽系は天の川系銀河で、そこには多くの恒星（＝太陽）があり、その恒星の廻りには多くの惑星が回転している。それら全体が数億年ごとに昇格（アセンション）するのが宇宙の法則で、その目的は「進化を促す」ことにある。その一環として地球も次元上昇、すなわちアセンションすると言っているのである。その始まりは１９６０年であり、創造主より昇格のための微妙な波動が少しずつ送られてきているらしい。しかし人間はそのことに気づかなかったようだ。

太陽から地球に送られてくる微妙な波動、それは、太陽系全体がフォトン・ベルトに入ることを意味していると説明してくれたのは関先生であった。先生は1994年にシアトルのセミナーに行ってシェルダン・ナイドルの話を聞いたという。その時初めてフォトン・ベルトの話を聞き、その時『宇宙の理』の神示が、このフォトン・ベルトと同一であると直感したらしい。そのシアトルにおけるセミナーにはエハン・デラヴィ氏も聴講生として参加しておられたということが2003年5月に出版された彼の著書「フォトン・ベルトの真相」21頁に書かれている。なんと、関先生はE・デラヴィさんと同じ部屋に居たということなのである。

むろん、二人はお互いの存在を知らなかった。シェルダン・ナイドルの話を同じ日に聞いていながら、その後、関先生は一貫して、アセンションはフォトン・ベルトの影響だと主張し続け、デラヴィ氏はノイズ（ガセネタ）と思うようになっていった。その違いは明らかであり「神示」を知っていたかいなかったかの立場の相違である。

1994年のシアトル行きを最後に先生は外国へ行かなくなった。その理由は90才という年齢にあった。

1995年3月に私が加速学園に通うことになった時には、すでに先生は外国行きを止め、統合科学大学講座に専心する覚悟を決めておられた。

人類の過去・現在を含めた想念波動と元々の地球波動との和は、従来7～8ヘルツであったが、今は13ヘルツに上がっていることが観測されており、その増加度からして近い将来に20ヘルツにまで上昇すると予測されている。非常に長い時間(1960年以来)をかけてゆっくりと波動が変化してきたために、その変化に人々は気づかなかった。この波動はシューマン共振と呼ばれている。7～8ヘルツは人間が普通持っているα波で、そのα波が地球の波動だったが、それが上昇すると、旧来の人間は生きられないと医学的に言われている。そのため地球の波動に合わせなくてはならないが、「洗心」すると波動が上がるというのが、創造主の教えである。その話を田原澄（1914～1965年）は全生涯にわたって訴え続けたのである。

## 大規模太陽フレア

# 地磁気の乱れ観測 数日注意して

太陽表面で6日に発生した大規模な爆発現象「フレア」によって放出された電気を帯びた粒子が8日午前、地球付近に到達し、上空の電離圏や地磁気の乱れが観測された。情報通信研究機構によると、懸念された通信機器などの障害は報告されていないが、数日間は注意が必要という。

放出された粒子は8日午前7時ごろ地球付近に到達。その後、地磁気の乱れは安定しつつある。ただ大爆発を起こした黒点が新たな爆発を起こす可能性もあり、この黒点が太陽の自転によって地球から見て裏側に行く数日後までは、短波通信や衛星利用測位システム（GPS）に影響を及ぼす恐れが続くとしている。到達時期は爆発速度により変わるため予測が難しく、8日午後以降との当初予想より早まった。この黒点では7日夜にも大規模なフレアが発生。一連の爆発に伴うオーロラは低緯度地域では観測されていないという。

太陽の活動度は周期的に変化しており、8年前に始まった現在の周期は低調で、4年前にピークを過ぎていた。会見した同機構の石井守宇宙環境研究室長は「こうした時期に大規模な爆発が起きたのは特異な現象で、科学的に注目される」と話した。

産経新聞掲載 平成29年（2017年）9月9日 土曜日　

# あとがき

２０１９年8月12日午前2時頃、天之御柱神が連絡してきた。今、長崎の原爆による被爆者の魂をヒーリングしていると言う。私は眠ったまま、目を閉じていた。

「オーラのヒーリングですね」と私はテレパシーで質問をした。

「放射線によるオーラの傷がまだ残っていた」と神。

「その魂の親神はどなたで？」

「天照皇大御神」

「天照皇大御神と今、いっしょにいますか」

「うん」と短い答え。

「74年前に原爆で亡くなった方が、オーラの傷が治らないまま、今だ人と化すこともできず、魂のままでいたんですね」と私は言った。

天照皇大御神としなつひこの神は、共に伊勢神宮に祀られていて非常に仲が良い。そのため、世界中で極めて重要な人間界に関するプロジェクトを協力して実施してきている。それも、世紀を越える長きにわたって。

人間界でいえば、数世代に及ぶ長い時間を通して、根気よく人間社会に働きかけている。

そのしなつひこの神は、2018年3月に天之御柱神に戻った。第3次世界大戦が起きないように、原爆が使用されないようにするためである。伊勢の別宮、風の宮と風日祈宮《かざひいのみや》での仕事は臼井甕男《うすいみかお》先生に任せ、自身は「天空の宮」に移った。そこは、アメリカのホワイトハウスと北朝鮮とを同時に見ることができる「天空の城」である。このプロジェクトに天照皇大御神も参加している。

その後の世界情勢を見るにつけ、天之御柱神は武力衝突が起こる前に、世界の首脳たちに徹底的な話し合いを指導しているのがわかる。

その一方、天之御柱神は出雲の霊界に自身の分神二人を重要なポストに就けた。一人はハリー・エドワード、もう一人は近藤千雄氏である。ハリー・エドワードには魂だけになっている人々のヒーリングを担当させ、近藤氏は「人として生きる意義」について魂たちに教える職に就かせた。

出雲の霊界では従来通りの浄化に加え、傷ついたオーラの徹底的な修繕が行われるようになった。これは、先天性重度障害者が生まれてこないようにするための処置である。

ただし、子が母の胎内にいる間に「何らかの事故」によって生まれてきた場合は別の話になる。

従来の輪廻転生は、例えば前世や前々世等において、「何らかの理由」で結婚できなかった男女が次に生まれてきたら結ばれる様式であった。こういう安易な転生を止めさせ、「人として生きるとはどういうことか」を教え、人生設計を改めさせる教育がされるようになった。そこを担当する神が、近藤氏である。

本格的なヒーリングを学び、多くの人々をヒーリングし、その病気の原因を追究して12年目に入った。この間、霊界と神界に大きな変化が生まれてきた。

２０１９年8月16日に記す。

参考文献

『光の手　上下』『癒やしの光　上下』バーバラ・アン・ブレナン著（河出書房新社）
『霊的治療の解明』ハリー・エドワード著（図書刊行会）
『神武太平記』荒深道斎著（道ひらき本部事務局　FAX0554―63―6360
小川栄）
『シルバー・バーチ　今日のことば』近藤千雄著（ハート出版）
『超巨大・宇宙文明の真相』ミッシェル・デマルケ著（徳間書店）
『あしたの世界』シリーズ1～4池田邦吉（明窓出版）
『光のシャワー　ヒーリングの扉を開く』池田邦吉（明窓出版）
『神様がいるぞ！』池田邦吉（明窓出版）
『続 神様がいるぞ！』池田邦吉（明窓出版）
『神様といっしょ』池田邦吉（明窓出版）
『神々の癒やし』池田邦吉（明窓出版）

## ◎ 著者紹介 ◎

**池田邦吉（いけだ くによし）**
1947年2月6日、東京都生まれ。
'69年、東京工業大学建築学科卒業。

主要著書
「神さまがいるぞ！」

「続 神さまがいるぞ！」

「神さまといっしょ」

「光のシャワー」

「あしたの世界１、２、３、４」

(以上明窓出版)

# 癒《い》やしの道《みち》

池田《いけだ》 邦吉《くによし》

明窓出版

令和二年一月二十日　初刷発行

発行者——麻生 真澄

発行所——明窓出版株式会社
〒一六四—〇〇一二
東京都中野区本町六—二七—一三
電話（〇三）三三八〇—八三〇三
FAX（〇三）三三八〇—六四二四
振替　〇〇一六〇—一—一九二七六六

印刷所——中央精版印刷株式会社

落丁・乱丁はお取り替えいたします。
定価はカバーに表示してあります。



ISBN978-4-89634-410-3

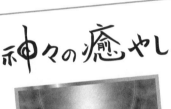

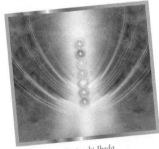

## 神様がいるぞ！

池田邦吉著

「古事記、日本書紀には間違いが多いわ〜。

私、ににぎの命のところになんか嫁にいってないわよ。

岩長姫なんてのもいないわ。人間の作り話！」

（木の花咲くや姫談）


**日本の神々の知られざるお働きや本当の系図が明らかに！**

**神々が実はとっても身近な存在であることが深く理解できます。**


「十八神の会議は地球に陸地を造り出そうという話であった。その仕事をするについて、いざな気実神というわしの分神に担当させることにしたのじゃ。いざな気実神だけでこの仕事を成し遂げることは出来ないので、十八神が協力して行うことになったのだ。ワシは岩盤、今で言うプレートを作った神なんで数千メートル海底の下から手伝うことにした。他の神々もそれぞれの分野で担当する仕事を決めたんだ。

その後でいざな気実神は岩盤より下を担当するいざな実と海から上を担当するいざな気神の二神に分かれた。

神には人間界のような結婚の話や男女間の関係というのはないよ。人間の形はまだなかった。人類が生まれるよりはるか昔の大昔の話なんでな。記紀の話は間違いがどの辺にあるかくによしは分かるであろう」

と国之床立地神が言う。部屋に誰か他の神が入ってきたような気配を感じた。（本文から）

1429円（本体価格）

## あしたの世界 P 3～「洗心」アセンションに備えて

池田邦吉著

私が非常に影響を受けた関英男先生のことと、関先生に紹介され、時々は拙著内で記した宇宙学（コスモロジー）のポイントが、あますところなく記されています。すなおに読むと、非常に教えられることの多い本です。（船井幸雄）

第九章　宇宙意識／ニューヨークかダイモンか／預言書との出会い／1995年1月17日／幻　影／光のシャワー／想いは現実化する／宇宙エネルギー／螺旋の水流／水の惑星

第十章　超能力／共同超意識と生命超意識／虫の知らせ／超能力の開顕（一）／人間は退化している／超能力の開顕（二）／超能力の開顕（三）／Y氏　光の書／神様が作ってくれた不思議な水／湖畔に佇んで

第十一章　あしたの日本／新しい宇宙サイクル／天体運行の原動力／天体波動の調整／意識の数値化／真理は単純明快なり／自然調和への道／環境問題／姿勢高き者は処置される

第十二章　洗　心　その二／宇宙創造の目的／地球人の正しい自覚／現生人類の先祖／地球人類の起源／一なる根源者／元兇に抗する力／科学信仰者の未来／大愛の法則に相応の理

1238円（本体価格）

## あしたの世界 P 4～意識エネルギー編

池田邦吉著

洗心の教えというのは思想ではない。光の存在である創造主が人間いかに生きるべきかを教えているのである。その教えに「洗心すると病気にならない」という話がある。なぜ洗心と病気が関係するのか、私は長い間考えつづけていた。

第十三章　２００５年７月11日／生きるか死ぬか／内視鏡／遠隔ヒーリング／出来ないと思うな！／ヒーリング／交通事故の後遺症／カイロプラクティック／転院また転院／伝播するヒーリングパワー／輸血16時間／

第十四章　２００５年７月12日・13日／天使の見舞／私の前世／たくさんの前世／大部屋入り／ローマ帝国滅亡／医者の立場 ／７月13日（水曜日）／隣人のヒーリング／美しい庭／二人目の見舞客（他）

1238円（本体価格）